やせる・エイジングに効く整膚 seifu

「肌つまみ」美肌・スリム術

徐 堅・角田朋司 監修　蔡 晶 著

冬樹舎

整膚のススメ

「肌つまみ」はキレイのための最強のアンチエイジング術

「肌つまみ」とは、皮膚をつまむ（ひっぱる）というシンプルだけど、画期的な美容法。

ほとんどの人は、肌を押す指圧はなじみがあるけれど、肌をひっぱるなんて…と思うかもしれませんね。

皮膚をひっぱると、どんな効果があるのでしょう？

ひっぱられた皮膚は血流がよくなるので、皮下組織にたっぷりと栄養が届きます。肌の新陳代謝が促され、シミが薄くなります。

しかも皮膚に弾力がよみがえるので、しわやたるみを予防したり、改善します。からだも引き締まってきます。

また、皮膚の水分量が保たれて、うるおってきます。肌が明るくなり、くすみも解消されます。

さらに水分代謝もよくなるので、むくみも解消されます。

最初は半信半疑で始めた人も、その効果を実際に体験してびっくり。

「シミが薄くなった」「顔がリフトアップした」「体重が減った」「お腹まわりがサイズダウンした」ｅｔｃ．

ごくシンプルな手技ですが、効果は抜群！

キレイになれるだけでなく、疲れがとれたり、免疫力がアップしたり、こりが解消されたり…と、からだにとっていいことずくめ。

その効果を認めるドクターもたくさんいます。

「肌つまみ」には特別な道具も必要なく、むずかしいテクニックも要りません。数分という時間を使って、あなた自身の指でキレイになれるのです。

しかも、初心者でも失敗がなく、必ず効果が得られます。

からだの中から健康でキレイになる「肌つまみ」。あなたもさっそく始めませんか？

肌つまみの方法

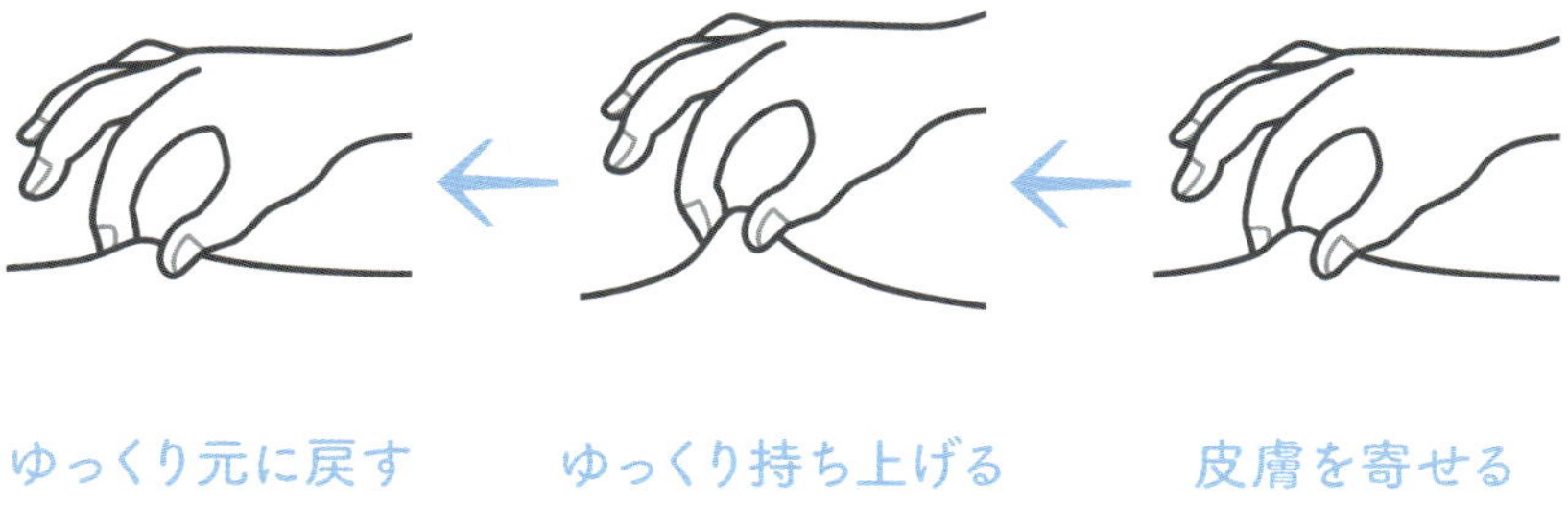

Contents

chapter 2

私の「肌つまみ」体験

chapter 3

つまんで肌のエイジングをストップ！

chapter 4

「肌つまみ」でスリムボディに

chapter 5

七孔運動法でさらにイキイキ

【注意】

本書で説明している施術時間は一般的な目安です。刺激の強さやからだの状態は個人差がありますので、施術時間はあくまで参考としてお考えください。

自分で行う場合は本書に書いてあるとおり、無理なく実行していくことで、効果的なやり方がわかってくるでしょう。

仕事として他人に行う場合は、きちんと整膚を勉強し、資格を取得してから行ってください。

全国の整膚師養成校や勉強方法などについては、103ページに記載した整膚学園本部までお問い合わせください。

chapter 1

「肌つまみ」その驚異の効果

肌をつまむ（ひっぱる）と、肌は活力を取り戻して美しくつややかに。しかも、太りにくくなるからだに変わっていきます。その威力を知れば、あなたも今日からさっそくこの「肌つまみ」を始めたくなるはず。

しわ、たるみをストップ！

シミを薄く！

うるおいを保つ！

くすみを消す！

小顔に！

スリムになる！

お腹をすっきり！

指圧やマッサージより効果的「つまむ（ひっぱる）」美容法

◎肌は押さないで！

肌はつまむ（ひっぱる）ことでキレイになる――ホントかしら？と、誰でも思いますよね。美肌のための手技というと、指圧やマッサージを思い浮かべる人も多いはず。でも実は、押さえられた皮膚は抵抗して硬くなり、弾力を失ってしまいます。弾力を失った皮膚は垂れてしまい、しわやたるみが出やすくなります。

からだで押さえられていることの多い部位は汚いものです。たとえば、肘。ここはふだん皮膚が押さえられることが多いので、ご存じのように黒ずんでいてしわっぽいのです。逆に、日常的によくひっぱられている二の腕の内側はふっくらとして色もきれいです。

皮膚は押されると、抵抗して硬くなり、弾力を失いますが、逆にひっぱられることで皮膚は柔らかくなるのです。柔らかくなった皮膚はハリが保たれます。

また、血行もよくなるので、新陳代謝も促されます。

◎面への刺激を利用する

皮膚をひっぱるこの美容法は、監修者の徐堅さんの考案による「整膚学」から生まれました。徐堅さんは北京体育大学卒業後、健康法研究のため来日。愛知教育大学大学院で研

究生活を送った後、愛知医科大学生理学教室で研究を続けるかたわら、企業の陸上競技部のトレーナーを務めていました。

徐堅さんはある日、けがによる腫れをもんだり、マッサージするとよけいに悪化すると感じ、逆にひっぱってみたところ、痛みが和らぎ、腫れも引くことを発見しました。

1992年、これがきっかけで徐堅さんは肌をひっぱる施術法を発展させて健康法として体系化し、「整膚」と名づけました。

中国4000年の歴史では皮膚を押したり、鍼を刺したりする健康法が受けつがれてきましたが、皮膚本来の健康を取り戻す目的のためには「ひっぱる」方法が効果的であることを発見したのでした。

指圧や鍼といった施術は古来の経絡理論を応用し、点と線に刺激を与えるものでしたが、整膚は面への刺激を利用した画期的な施術法です。

皮膚をひっぱることによって得られる5つの効果を、徐堅さんは次のようにまとめました。

指圧と整膚の効果はこんなに違う

	▷ 指圧	▷ 整膚
皮膚の状態	硬くなる	柔らかくなる
効果	局所のみ	からだ全体に及ぶ
持続する時間	一時的	ある程度持続

指圧した時の肌、整膚した時の肌

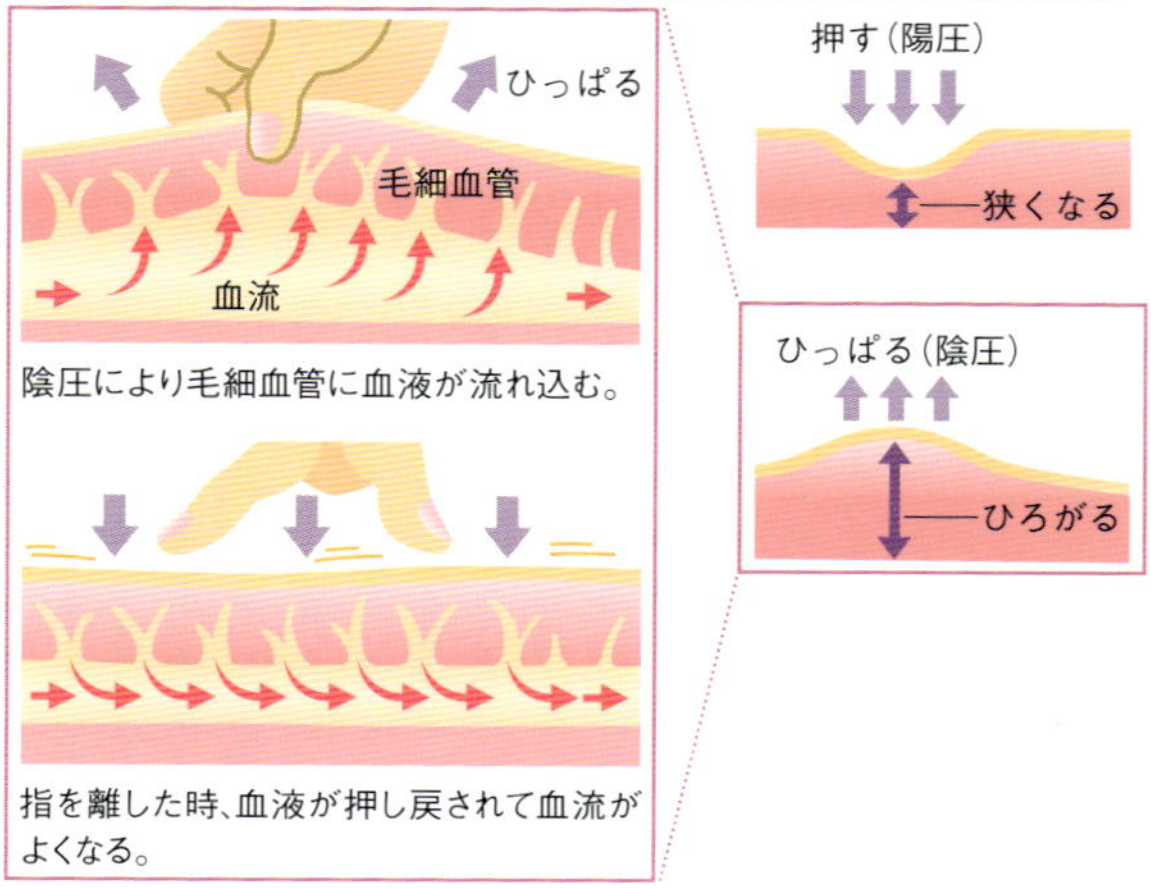

陰圧により毛細血管に血液が流れ込む。

指を離した時、血液が押し戻されて血流がよくなる。

指圧と整膚　サーモグラフィ変化の比較

指圧と整膚では皮膚温度がこんなに違う

5分間両腕のみに整膚をした場合

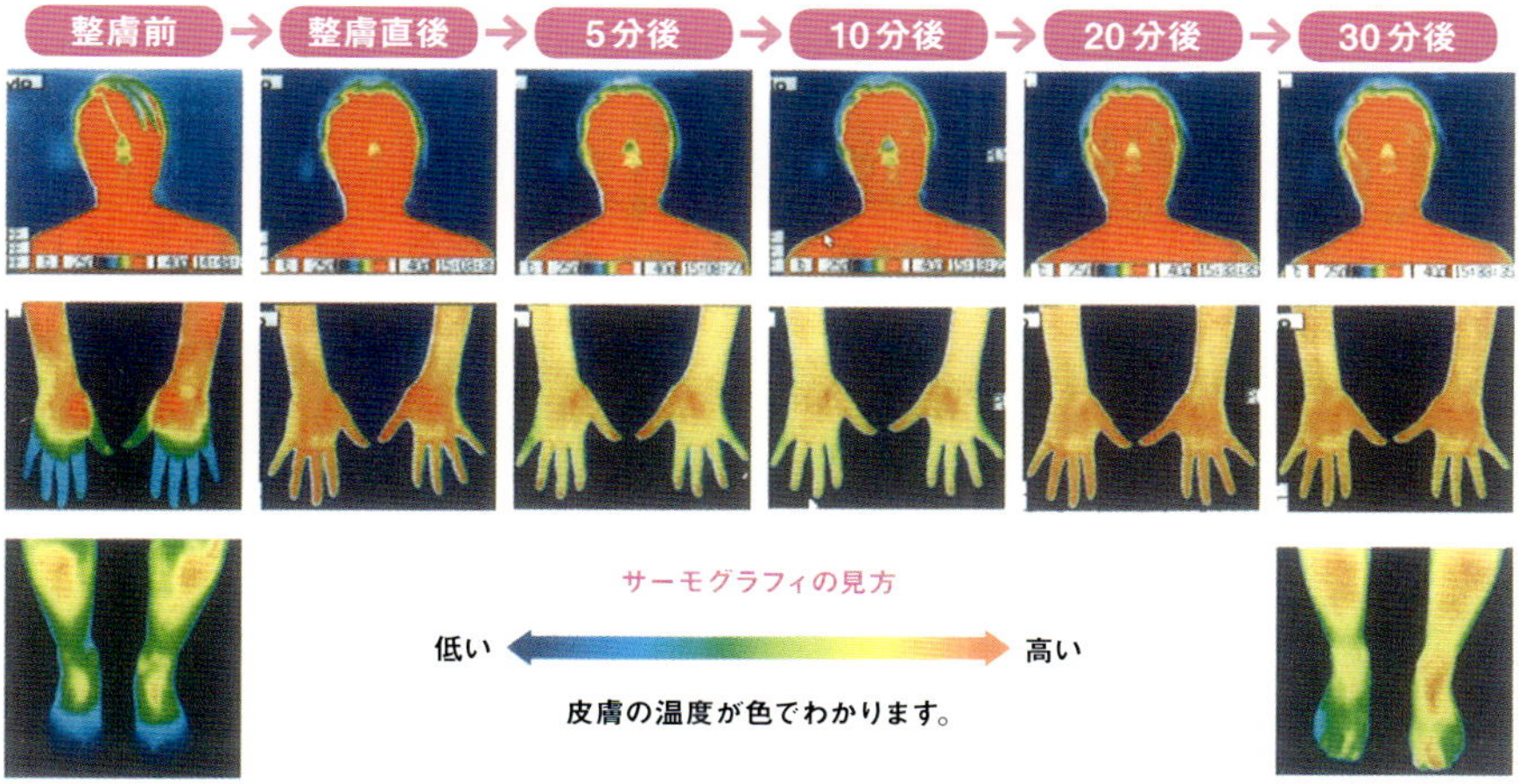

5分間両腕のみに指圧をした場合

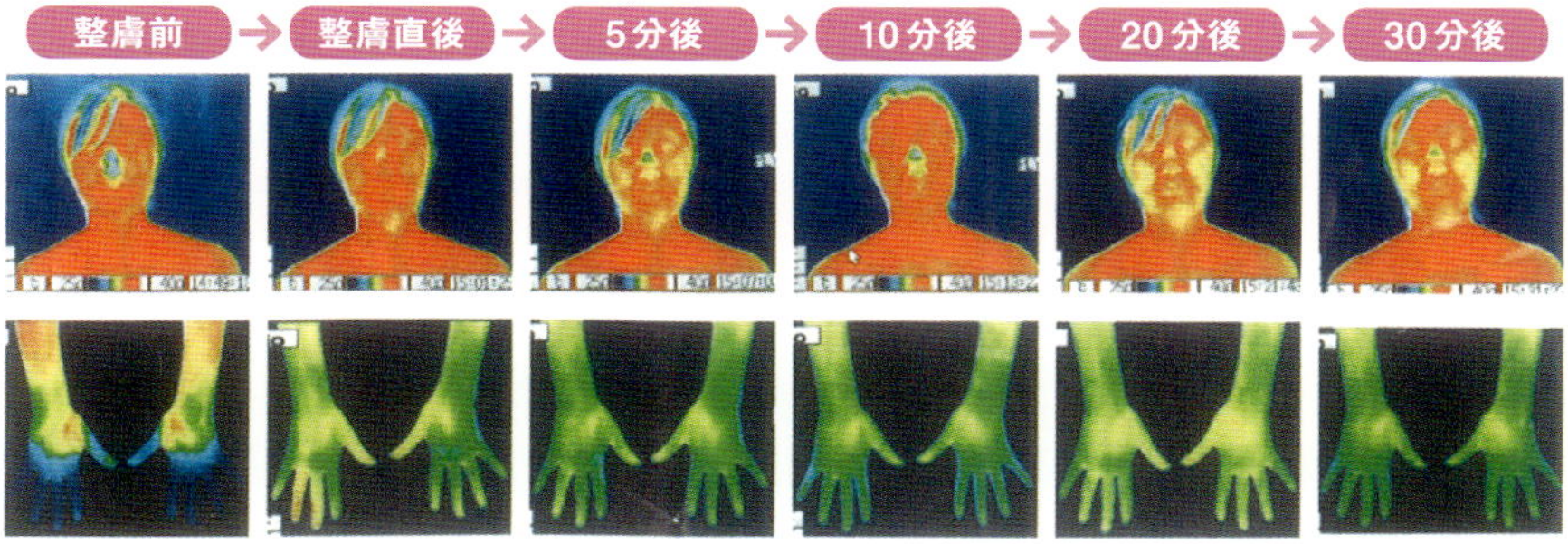

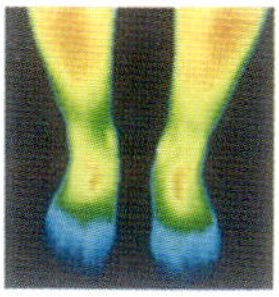

40歳女性が指圧と整膚を受けた時の皮膚温度です(指圧と整膚は同じ人が行いました)。指圧よりも整膚を行った場合のほうが、血流がより早く改善してしかもその効果がより長く持続することがわかりますね。しかも、足までその効果が及んでいることにも注目。(2009年の第2回メディカル整膚研究会における、メディカル整膚研究会会長、広瀬クリニック院長(当時)、広瀬滋之氏による研究発表)

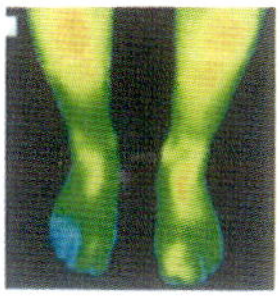

1. 皮膚の弾力性が生まれる
2. 心地よさが生まれる
3. 気と血液の循環がよくなる
4. 筋肉が柔らかくなる
5. 健康になる

◎いつでもどこでもできる

徐堅さんは「皮膚は押すべきものではなく、耕すものである」と考えています。

不毛の大地は耕すことによって空気を含ませ、水と肥料を加えることによって、実りを育む豊かな大地に変えることができますね。

皮膚をひっぱるのはこの大地を耕すことにもたとえられます。皮膚をひっぱることで柔らかくみずみずしい、健康なからだによみがえらせることができます。

整膚には特別な道具もテクニックも要りません。指で皮膚をひっぱることが基本ですから、簡単に誰でも始められます。

◎効果が持続し、全身に波及

初心者でも一定の効果が得られ、しかも、効果は一時的なものでなく、ある程度持続します。からだの一部に整膚をすると、全身にも効果が及ぶこともわかっています。整膚によってその部位の皮膚温度が上がるとともに、全身の皮膚温度も高くなります。そのため、

＼Check／

整膚のよいところ

- □ いつでもどこでもできる
- □ 特別なテクニックは要らない
- □ 初心者でも一定の効果がある
- □ 効果がある程度持続する
- □ 局所に整膚をすると全身に効果が及ぶ
- □ 筋肉に圧力を加えないので、皮下組織にダメージを与えない足先までぽかぽかになります。

これは、医科大学の生理学講座の研究でも明らかにされています。

その上、筋肉に圧力を与えないので、もみ返しはありません。また、皮膚組織の血管、神経、筋肉にダメージを与える心配もありません。

◎穏やかな快感

これまで皮膚をひっぱるという簡単な手技が着目されることがなかったのは、不思議なことですね。

つねられる＝痛いというイメージから、この手技がかえりみられることがなかったのでしょうか。

整膚はやさしくつまむ手技。皮膚をひっぱることで得られる効果は美容上だけでなく、今、スポーツの分野、さらに介護や病気の治療など医療の分野まで広く確認されつつあります。

18年間片手だけに整膚を行っている
徐堅さんの手（2010年夏撮影）

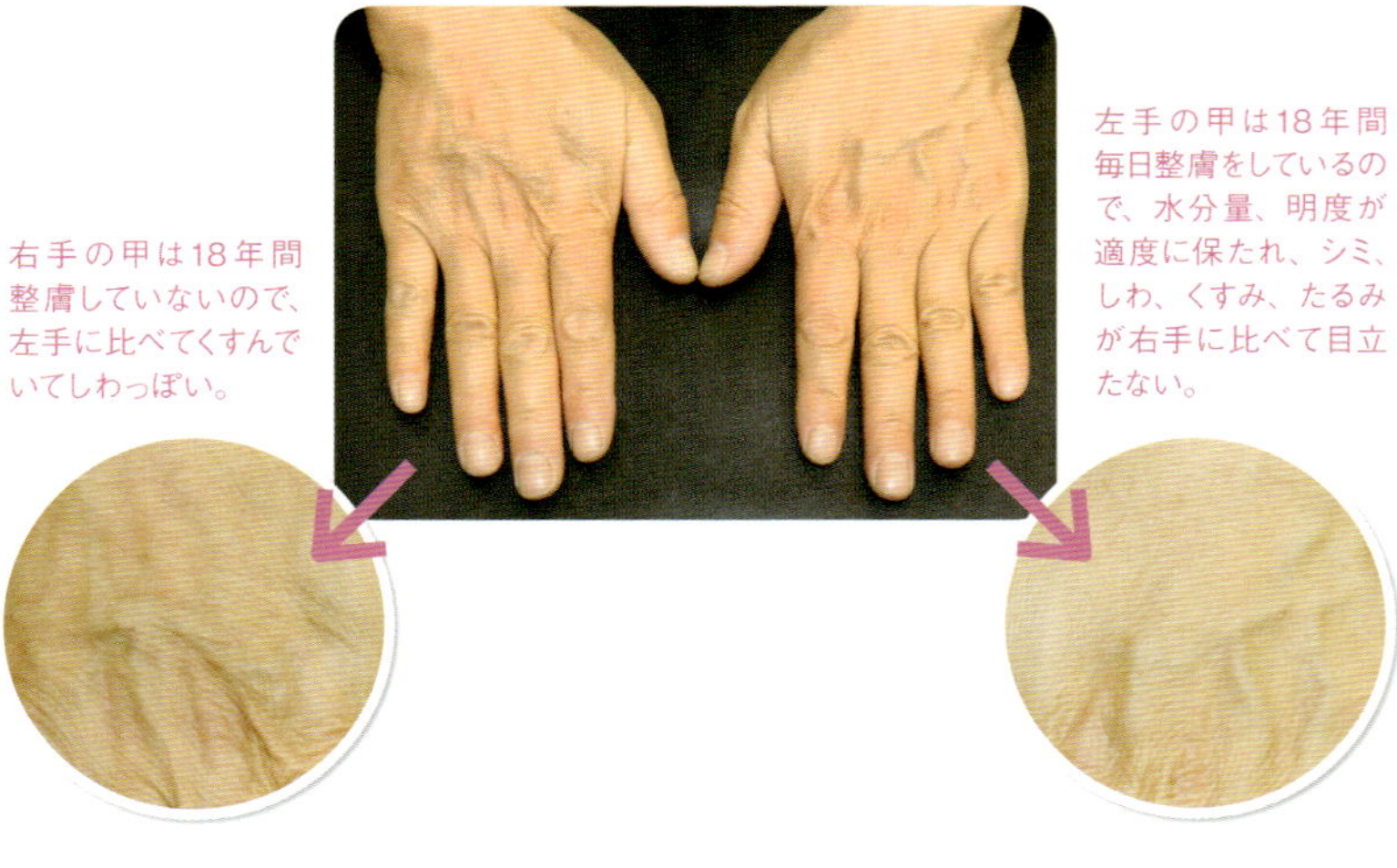

右手の甲は18年間整膚していないので、左手に比べてくすんでいてしわっぽい。

左手の甲は18年間毎日整膚をしているので、水分量、明度が適度に保たれ、シミ、しわ、くすみ、たるみが右手に比べて目立たない。

□からだの状態を表す気相

◎4つの要素のバランスのとれたからだは健康で太りにくい

からだの不調や病は皮膚に、特にからだのくぼんでいるところに現れると徐堅さんは考えました。徐堅さんは多くの研究を重ねて、気が現れるくぼんだ場所を見つけて「気相」と名づけました。

気相は4つの要素によって構成されます。それは温度、水分量、におい、明度という要素です。この4つのバランスがよくなれば血液も体液もスムーズに流れ、免疫力も高まります。つまり、肌は美しくなり、病気の予防や改善に効果的なのです。

逆にこれらのバランスがくずれれば、肌あれを起こし、肥満になったり、病気にかかりやすくなります。

皮膚をひっぱることで、皮膚の呼吸が改善され、からだの温度、水分量、におい、明度のバランスがとれ、また、からだの表面や関節、内臓に流れる気の流れを改善することもできます。

バランスがとれたからだは健康で太りにくく、皮膚にうるおいがあり、ハリがあって、みずみずしいのです。

整膚ではこの気相を中心にひっぱります。

気の現れる場所を示す気相図

気相の4つの要素

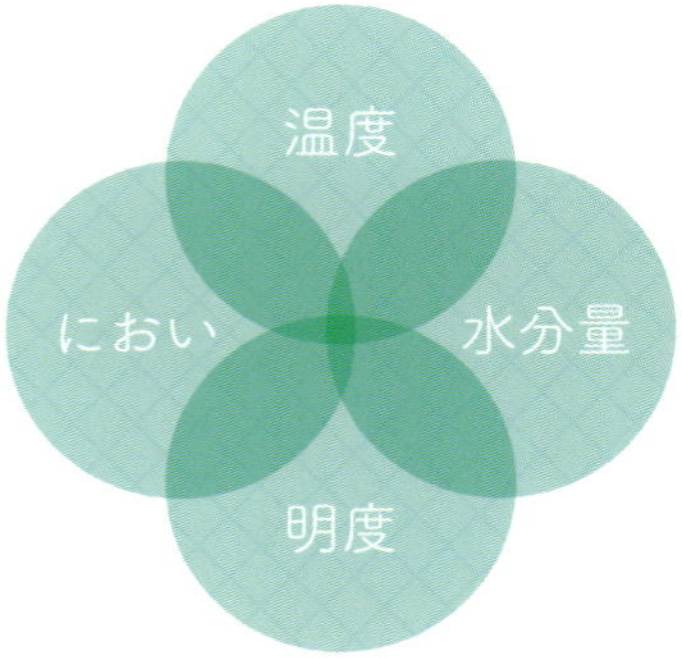

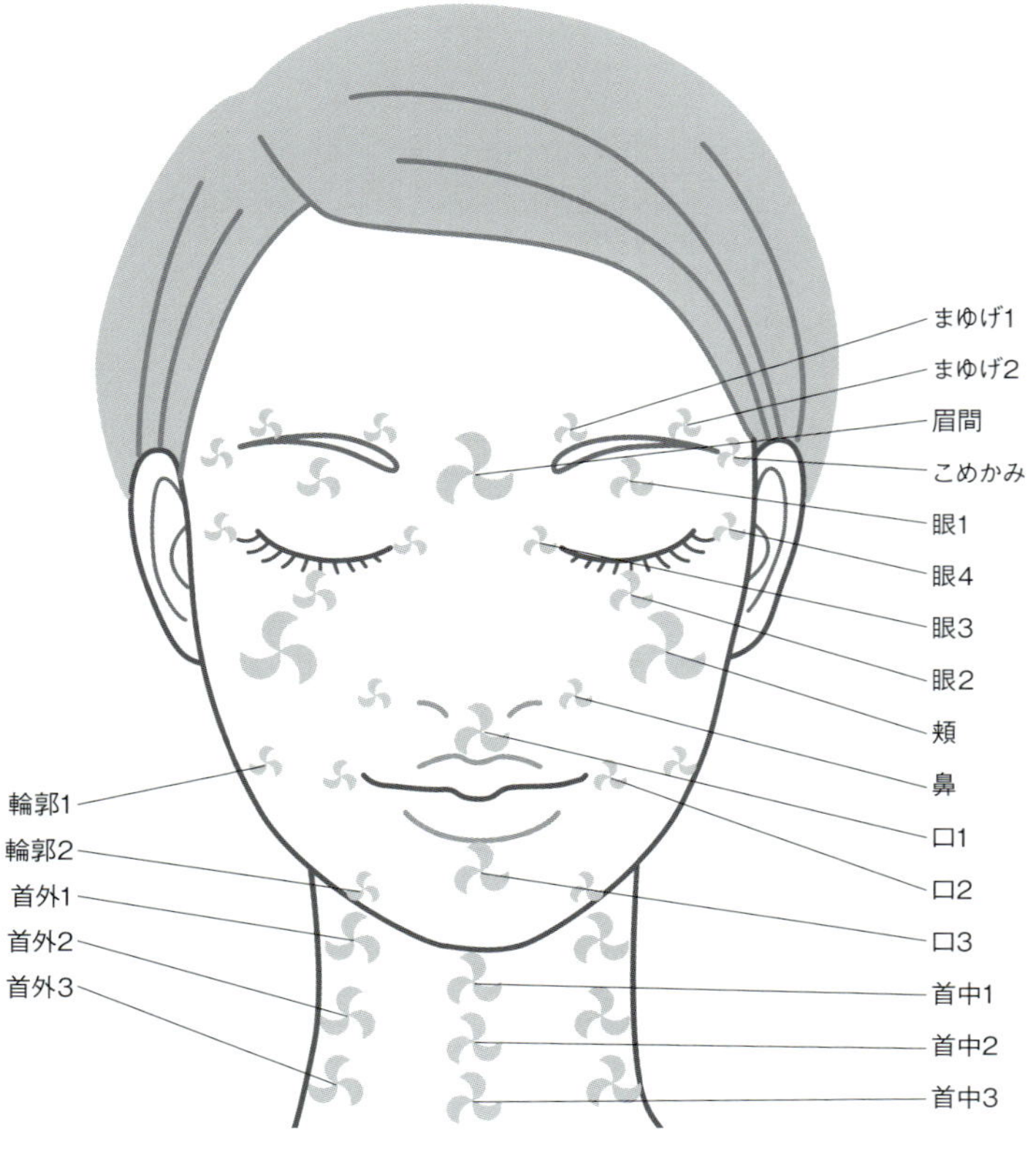

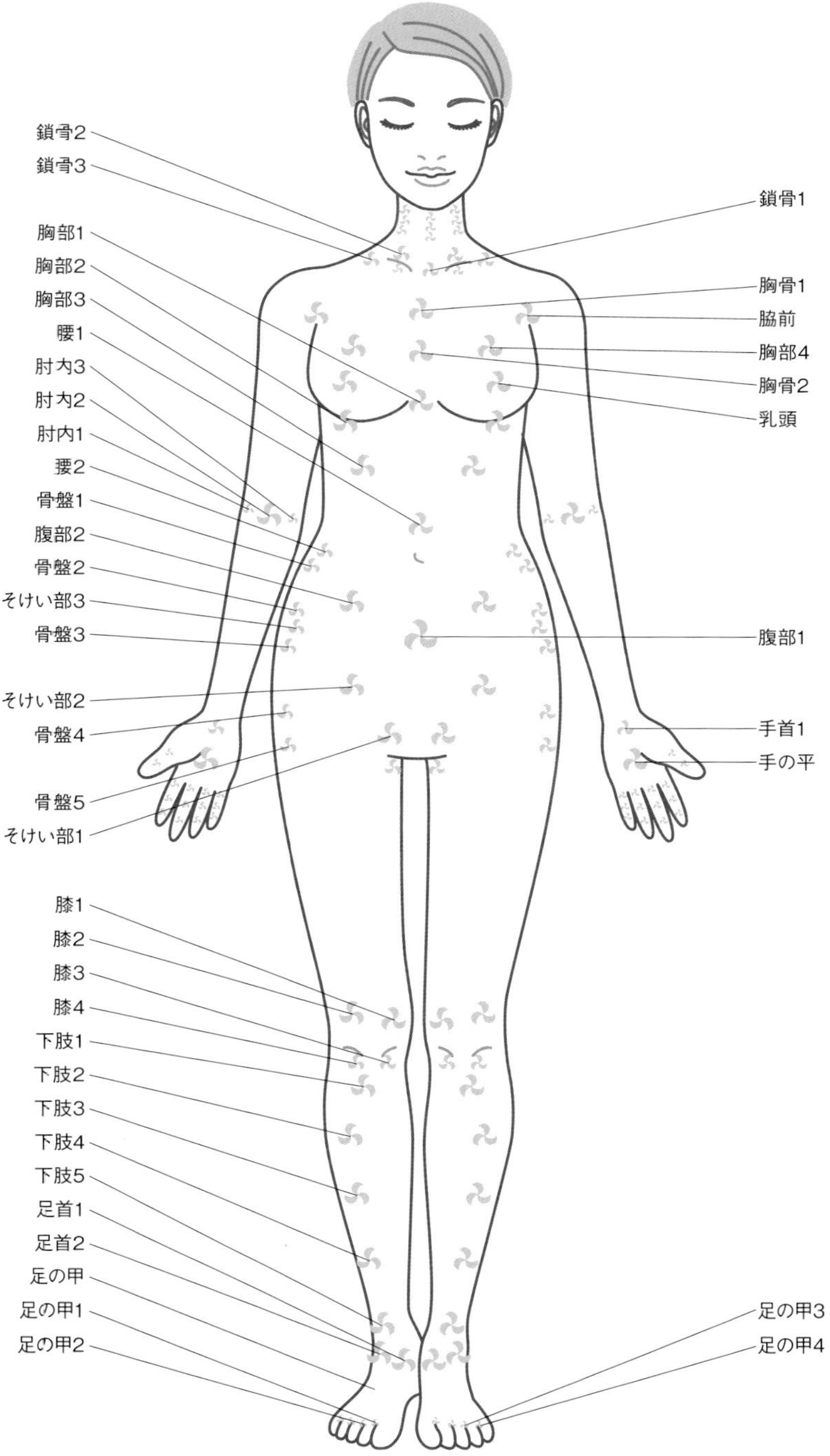
鎖骨2
鎖骨3
胸部1
胸部2
胸部3
腰1
肘内3
肘内2
肘内1
腰2
骨盤1
腹部2
骨盤2
そけい部3
骨盤3
そけい部2
骨盤4
骨盤5
そけい部1
膝1
膝2
膝3
膝4
下肢1
下肢2
下肢3
下肢4
下肢5
足首1
足首2
足の甲
足の甲1
足の甲2
鎖骨1
胸骨1
脇前
胸部4
胸骨2
乳頭
腹部1
手首1
手の平
足の甲3
足の甲4

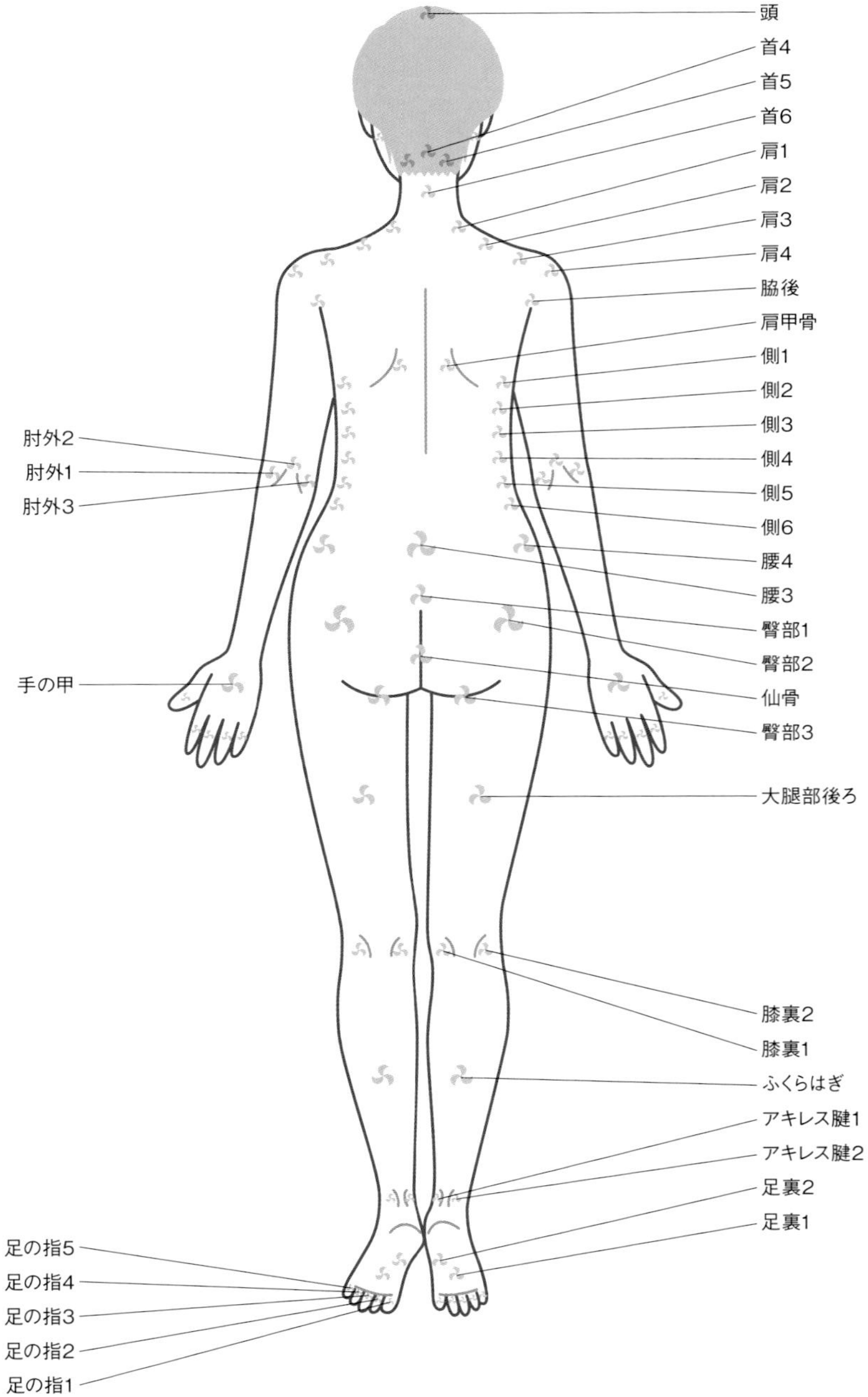
頭
首4
首5
首6
肩1
肩2
肩3
肩4
脇後
肩甲骨
側1
側2
側3
側4
側5
側6
腰4
腰3
臀部1
臀部2
仙骨
臀部3
大腿部後ろ
膝裏2
膝裏1
ふくらはぎ
アキレス腱1
アキレス腱2
足裏2
足裏1
肘外2
肘外1
肘外3
手の甲
足の指5
足の指4
足の指3
足の指2
足の指1

□肌に効く ボディに効く 驚異の効果

◎皮膚に弾力性が生まれる

最初にお話ししたとおり、皮膚は押さえられると硬くなり、弾力性がなくなり、垂れてしまいます。皮膚をひっぱると、弾力性が戻り、柔らかくなり、しまってきます。

また、皮膚は年とともに重力に逆らえずに垂れ下がってくるものですが、肌をつまむことでその予防、改善が期待できます。

◎皮膚にたっぷりと栄養が届く

皮膚をつまむと、皮下の血液、リンパ液の流れがよくなり、その入れ替わりが促されます。つまり、酸素や水分、栄養が行きわたり、一方、不要になった老廃物や二酸化炭素はすみやかに排出されるということ。整膚によって皮膚の温度は上がりますから、血流やリンパ液の流れはさらによくなります。

酸素や水分、栄養が健康で美しい皮膚にとっては必要なことは言うまでもないことですね。たっぷりと酸素や水分、栄養が届けられた皮膚は、うるおいを保ち、くすみが消えます。

また、水分代謝が促されるので、むくみも解消されます。むくみが改善すると、肌の色つやがよくなり、しまってきます。

◎ターンオーバーを促す

皮膚は表皮の一番底にある層で新たな細胞が生まれ、変化をとげながら体表へと押し出されていきます。もっとも表面にある古い角質は時間とともにはがれ、新しい細胞がそれに代わって角質となります。皮膚はこうして生まれ変わり、ターンオーバーを繰り返しているのです。

このターンオーバーが順調なら、肌は健康で美しいものです、

シミはメラニン色素が皮膚に沈着したものですが、ターンオーバーがさかんに行われれば、メラニン色素は角質とともに排出されます。

肌をつまむと、皮膚の血流がよくなり、代謝も活発になります。その結果、このターンオーバーが促されるので、肌のくすみを消したりシミを薄くするセルフケアの対策として注目なのです。

5分間整膚をした後の顔、頭、首の温度変化

（顔、首）

●整膚前

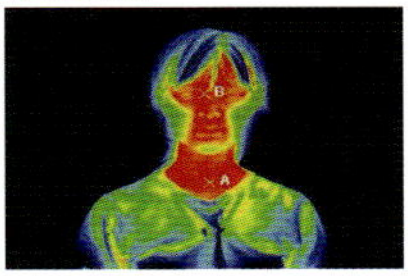

●整膚後

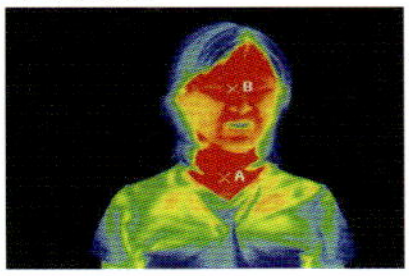

温度が上昇していることがサーモグラフィの変化からわかりますね。特に顔、頬の温度が上がっているのが目立ちます。

（頭、首）

●整膚前

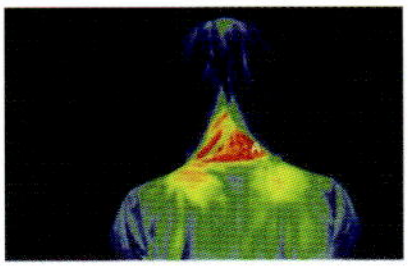

●整膚後

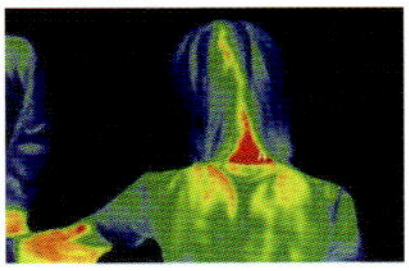

頭髪部位の温度が上昇しているので、頭全体の温度が上昇していることがわかります。

（施術者　徐堅）

シミが薄くなった！

●整膚前

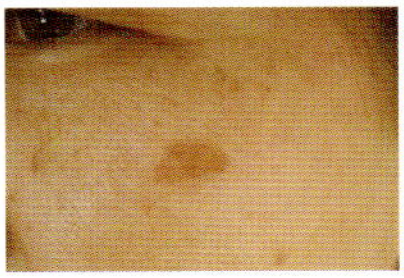

●整膚後

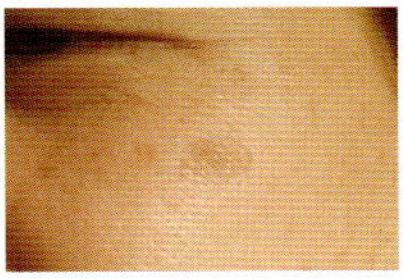

肌つまみを毎日朝晩５分ずつ行ったところ、4ヵ月後にシミがかなり薄く、小さくなりました。当初のシミは底面12㎜、縦８㎜の大きさでした。

（又井美千代・整膚学博士による2005年の発表から）

Check

ひっぱることによって
生まれる美肌・スリム効果

- [ ] しわを予防したり改善する
- [ ] たるみを防ぐ
- [ ] むくみ、たるみが
解消することにより、小顔に
- [ ] くすみがなくなる
- [ ] シミが薄くなる
- [ ] 肌のつやがよくなる
- [ ] 二重あごがすっきり
- [ ] 二の腕のたるみを解消
- [ ] 乳房の垂れを防ぐ
- [ ] ぽっこりお腹を引き締める
- [ ] きゅっとヒップアップ

もっとディープ！

肌をひっぱることで得られる10の効果

1 気・血の循環がよくなる

これは、整膚による効果のもっとも基本的なものです。

中医学では気・血の流れが順調であれば健康で、気・血の流れが滞《とどこお》ると病気になると考えられています。気・血の流れを改善することで、異常な状態が改善される効果への期待大。

内臓が元気に

冷え性が改善される

疲労回復に

また、顔には、目、鼻、耳、口、舌という五官があり、内臓（中医学の肝、肺、腎、脾、心）とつながっていると考えられています。顔を整膚すると、内臓にもよい刺激を与え、内臓の働きも活発に。

気・血の流れがよくなれば、リンパ液、水分などの組織液が静脈に戻りやすくなります。リンパ液の流れがスムーズになると、むくみが改善されて、すっきりとしたボディに。

血流がよくなれば皮膚の温度が高くなり、新陳代謝も活発になって、疲れもとれます。

2 筋肉が柔らかくなる

皮下の筋肉の栄養状態が改善されるためか、筋肉が柔らかくなります。筋肉が柔らかくなるということは筋肉にとってはよい状態。筋肉が硬いと、肉離れが起きやすいものです。

スポーツ選手の場合には肉離れなどのトラブルを予防するほか、瞬発力の向上も期待できます。特に運動後に手入れすると効果的。

肩こりなどでは肩の筋肉が硬くなっていることが多いのですが、整膚によって筋肉が柔らかくなり、こりの症状が改善するとともに再発しにくい筋肉に変わります。これは肩だけでなく、どの筋肉も同じように柔らかくなります。指圧をしてもらった時にはその刺激が気持ちよく感じられますが、筋肉は硬くなるので、治りにくくなる可能性があります。この点、整膚の刺激は物足りなく感じるかもしれませんが、筋肉の質自体がよくなり、根本的に治ることも考えられます。

肩こりなどでは、皮膚と筋膜（筋肉を覆《おお》っている膜）が癒着して動きが悪くなっています。整膚ではこの筋膜もひっぱっているので、癒着をとるように働きます。このような筋膜への影響が、血行促進と合わせてこりの解消へとつながっていくのです。

運動能力の向上、トラブル予防

こりの改善、予防

3 免疫系細胞が流入する

血液やリンパ液の流れがよくなれば、酸素や栄養分の補給だけでなく、免疫系細胞がより多く流入することによって、老廃物や病原菌もすみやかに除かれます。皮膚をひっぱることで、免疫系統にもよい影響を与えることができます。

免疫力がアップ

4 心地よさが生まれる

皮膚をひっぱると、血液中にセロトニンという、癒《いや》し効果を高めると言われている物質が多くなります。また整膚をしている間の脳波を測定すると、α波が多く現れている様子が確認できます。これはリラックスした時に出る脳波の波形。また、他人に整膚をしている人にもα波が増加している例も見られます。

以上のことから期待できるのは、ストレスの解消作用。ということは、血流がよくなり、皮膚のつやもよくなるのです。

リラックスすると、血管の緊張が少なくなるので、血流がさらによくなり、免疫力が高まり、体温が高くなります。つまり、低体温や血流障害から生じるいろいろな病気の予防や治療への応用への期待大ということ。

リラックスして皮膚がつややかに

各種のがんや胃潰瘍、高血圧、糖尿病などの生活習慣病、うつ病などの精神疾患の予防・治療などに期待

5 指先の感覚が敏感になる

指先の感覚が敏感になり、指先の機能が高まります。指先を動かしていると、脳が活性化され、脳機能が高まると言われています。

指先の機能が向上

認知症の予防に

6 痛みを伝える神経に働きかける

痛みのあるところをなでたり、押したりすると、痛みが和《やわ》らぐことは誰でも経験すること。整膚も同じように、痛みを軽くする手段と考えられます。これは整膚でもっとも大切な効果です。

痛みを感じるルートの間にゲートがあり、そのゲートが開いているか閉じているかによって、痛みを感じる程度が異なるという理論があります（これを「痛みのゲートコントロール理論」といいます）。痛みの周辺を整膚すると、整膚の刺激によるルートのほうが優先的に開き、痛みのゲートが開きにくくなって、痛みが脳に伝わりにくくなり、痛みが和らいでくるのです。これは神経を介する効果と考えられます。

整膚の効果は持続するので、神経だけでなく、血流、筋膜、筋肉、皮膚表面にある感覚受容体などに働きかけ、局所の症状も改善されます、

効果は即効性をもって現れることもありますが、少し時間がかかることもあります。効果は、整膚をしている間だけでなく、その後もある程度持続します。

痛みが和らぐ

7 炎症がある場合その部位に新しい血液が流れ込む

炎症のまわりを整膚すると、新しい血液が流れ込むため、熱が下がり、腫れやむくみが早く引きます。

炎症が早くおさまる

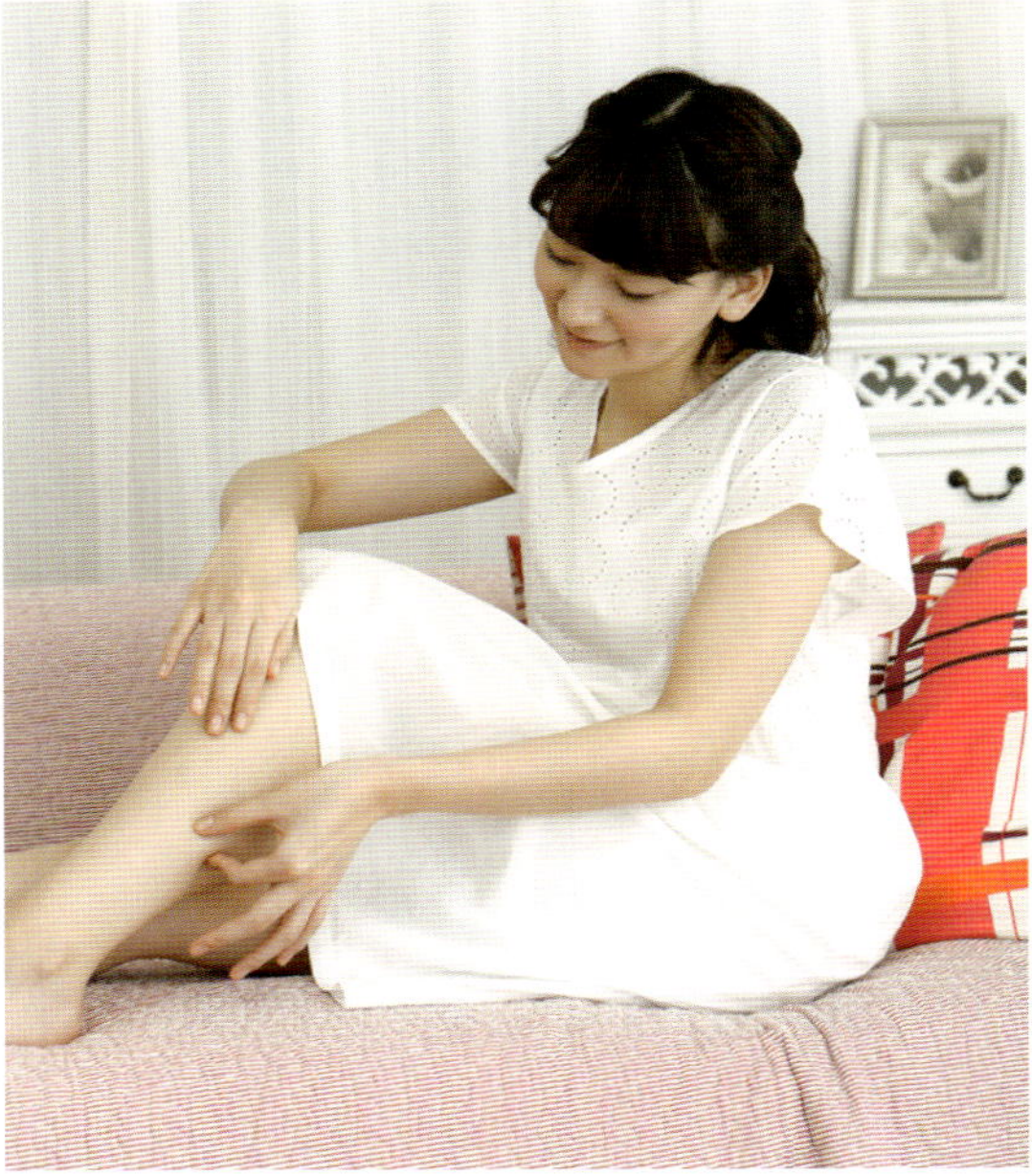

8 熱の発散が促される

かゆみのある周辺を整膚すると、かゆみが和らぎます。

かゆみは熱が加わると強くなります。皮膚をつまむことで血流がよくなり、熱の発散が促進され、かゆみが和らぐと考えられます。

これはアトピー性皮膚炎にも応用できると考えられます。かゆいとひっかかいたりしがちですが、ひっかかれた皮膚は大きなダメージを受けます。その点、整膚は皮膚を傷めることはありません。

皮膚を傷めずにかゆみを和らげる

整膚による皮膚の温度・水分量の変化

ニキビ治療

顔のほてりが整膚で改善

●整膚前

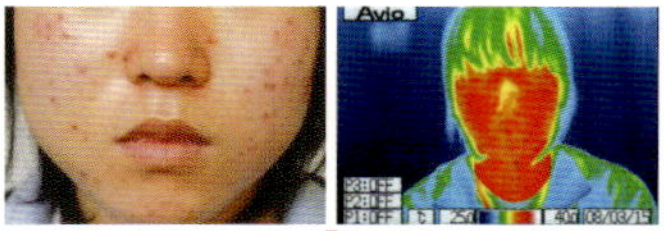

●整膚（数分間）をして1時間後

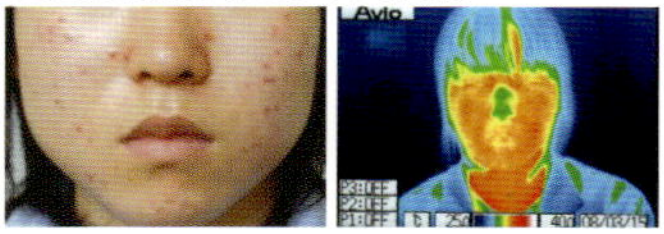

ニキビ治療のため来院した17歳女性の例です。数分整膚をした後には、ほてりがしずまっている様子がわかります。

（アトピー性皮膚炎のケースとも、2008年の第1回メディカル整膚研究会における、メディカル整膚研究会会長、広瀬クリニック院長（当時）、広瀬滋之氏による研究発表）

アトピー性皮膚炎

整膚をした場合の効果

28歳女性

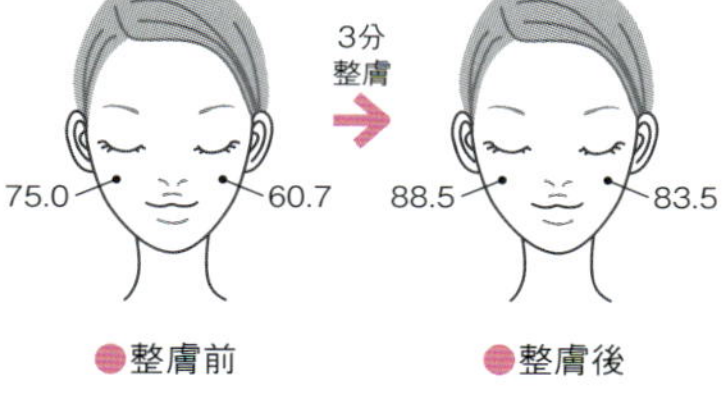

水分計で測ったところ、肌の水分量がアップ。この女性の場合、ニキビに加え、アトピー性皮膚炎のため顔と首が乾燥して痛いという訴えがあった。桂枝茯苓丸も投与。

16歳女性（初診）

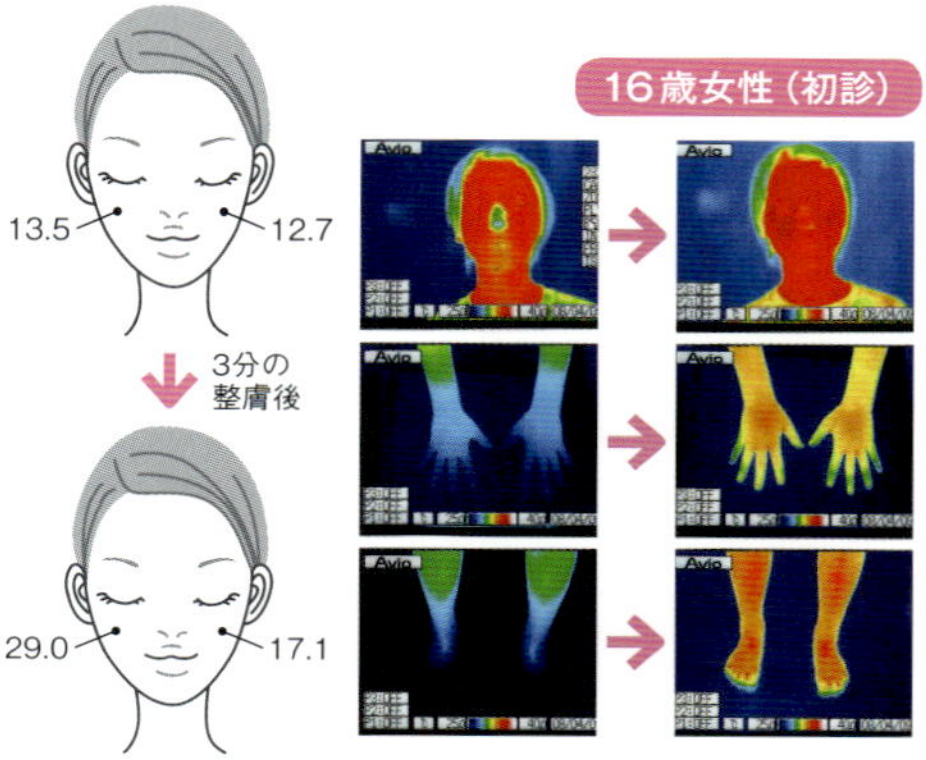

初診時、整膚と足浴を行い、水分量が改善。皮膚に潤いが生じた。

・ニキビの場合は痛いところはひっぱたりせず、患部の周辺をつまみます。周辺をつまむことで、中心部がよくなっていきます。
・アトピー性皮膚炎の方は、プロの整膚師に相談した上、やり方を教わるようにしてください。その後も、自分のやり方を時々整膚師に見てもらって、つまみ方が正しいかどうか確かめるようにしましょう。

9 新陳代謝がよくなる

炭酸ガスと老廃物の排出が促され、酸素や栄養を含んだ新しい血が流れ込みやすくなるので、疲労回復に効果的。

その日の疲れを整膚でとることで、翌日の活力を生み出すことにつながります。

疲労回復によい

10 整膚をしあった場合、心の絆が生まれる

お友だちや恋人同士、あるいは夫婦、親子など、ほかの人と整膚をしあってみてください。お互いの仲はもっと親密になるはず。

お互いに整膚を施すことで、人間同士の信頼関係を高める効果が期待できるのです。実際に、学校、職場などで行ったところ、雰囲気がよくなったという報告もあります。

人間と人間の絆が深まる

皮膚に接触する施術のせいか、心地よい施術だからなのか、施術者の気持ちが通ったせいなのか、本当の理由はわかりませんが、皮膚の接触は、心のつながりを強くする手段になる可能性があるようです。

学校や会社、工場、施設など、集団生活をする人が整膚をすることで絆を深め、人間関係が豊かになるとすれば、整膚はもっと人の幸せに結びつく可能性があるでしょう。

どんなふうにつまむの？

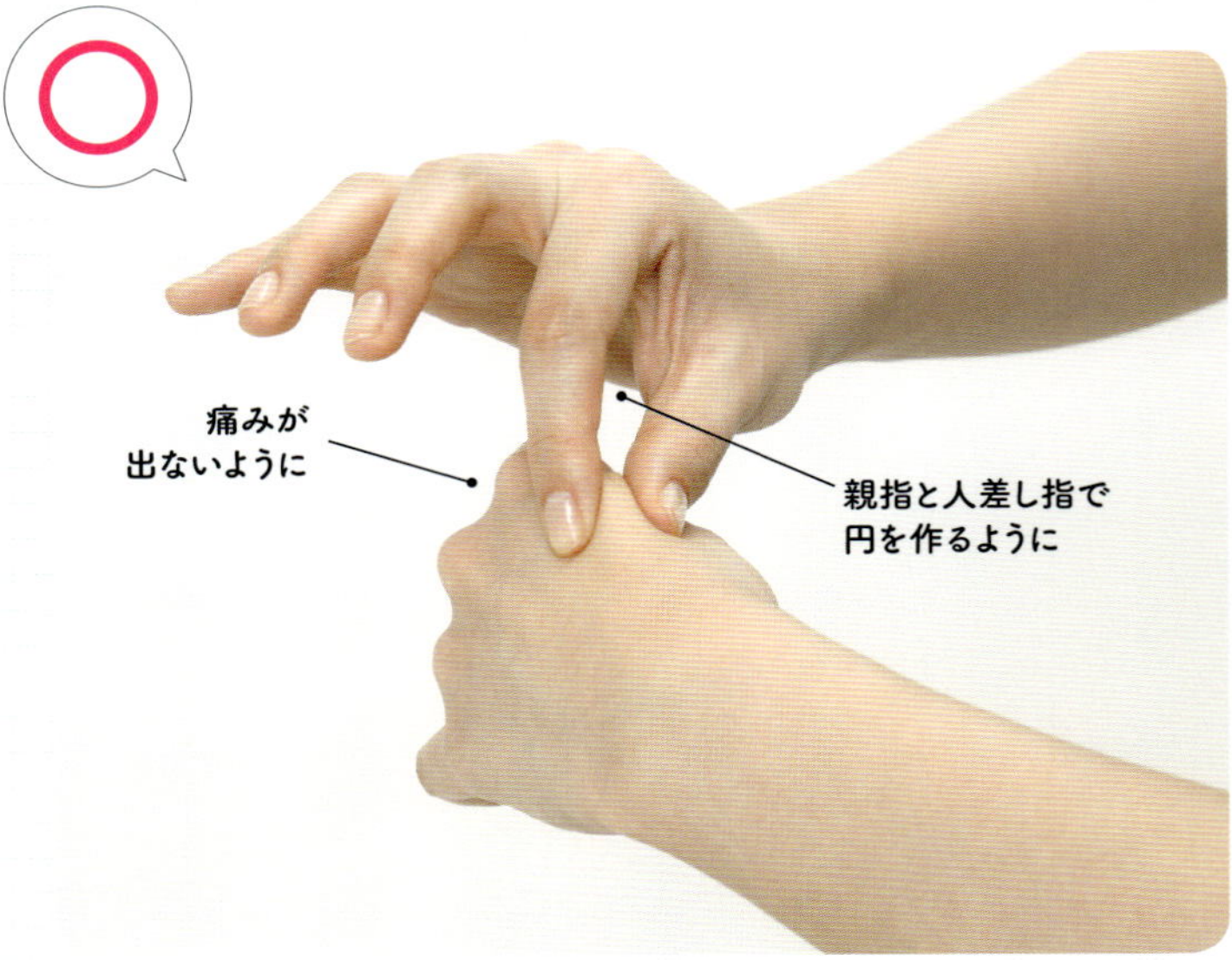

◎基本は2本の指腹で

仕事として他の人に効果的に施術するためには高度な知識やテクニックが不可欠で、プロの整膚師になるためには十分な学習と訓練が必要です。本書では高度な手技は省いて、自分で簡単にできるつまみ方をご紹介します。

基本となるつまみ方は、次のとおりです。

1. 基本は親指と人差し指の指腹で皮膚をつまみます。痛みが出ないように。

2. その2本の指の形は上の写真のような形になるように注意！　皮膚が三角のような形（次ページの写真）になると、痛みが出ます。

3. ゆっくりと皮膚をひっぱります。そして、ゆっくりと元に戻します。

順番としては、

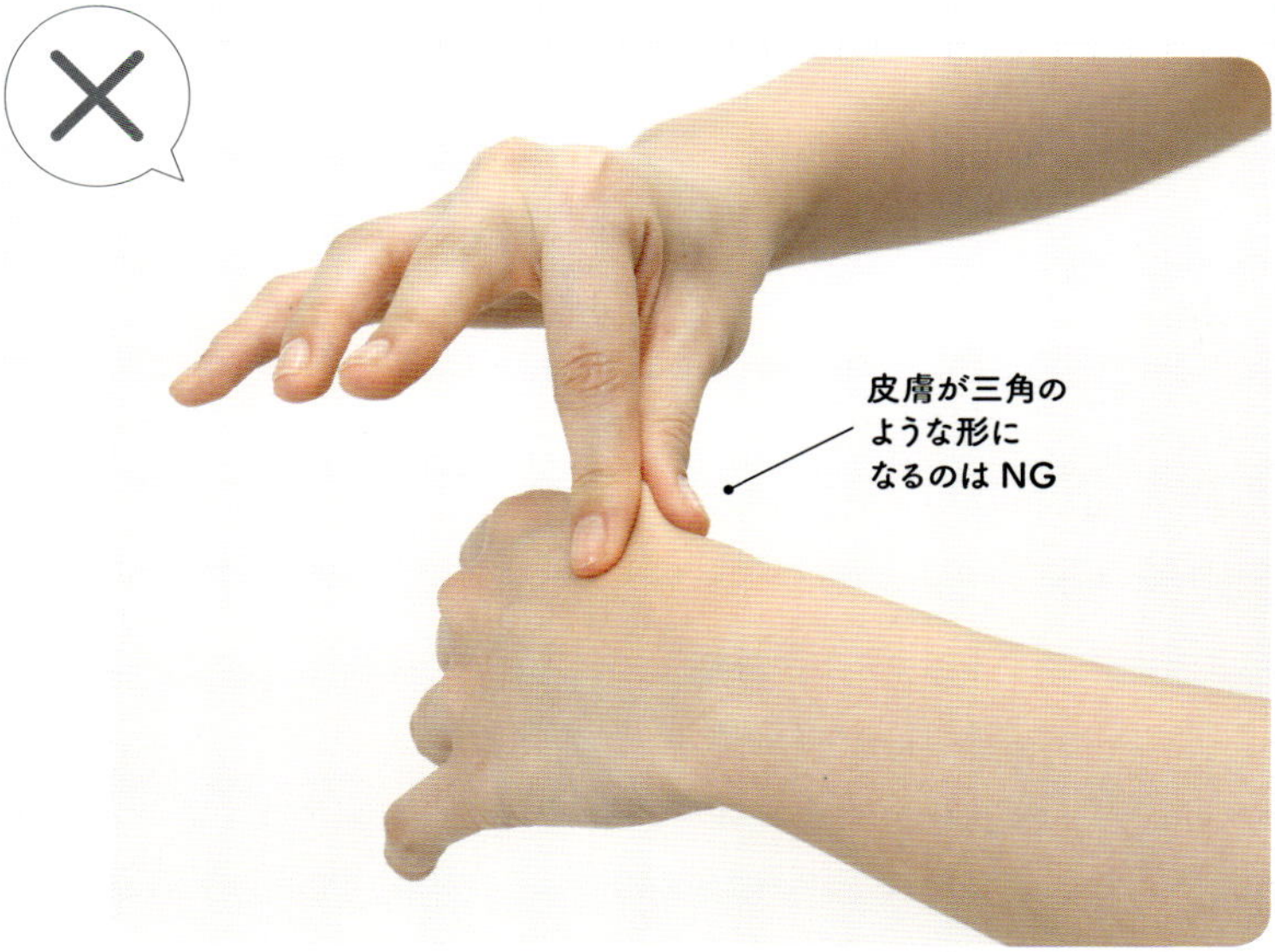

皮膚を寄せる↓ゆっくりひっぱる↓ゆっくり戻すというふうにします。

基本的に、この動作を繰り返します。

皮膚をひっぱるというと、皮膚をつまんですぐに指を離してしまいがちですが、つまんだ皮膚をゆっくりと元に戻してあげるように、ていねいに行います。持ち上げるのに2〜3秒、戻すのに2〜3秒のリズムで行うのが基本です。

2本の指ではひっぱれないボディの部位は、中指を加えて3本、あるいは薬指を加えて4本の指でひっぱります。

◎ひっぱれない場所は皮膚を寄せる

頭皮などは皮膚をひっぱれないもの。ここは表皮を動かすようにします。表皮とその下の組織を寄せることで、血液やリンパ液の流れをよくして、ひっぱることと同じ効果を得ることができます。

自律神経に働きかけ リラックス効果が…

肌つまみは主な10の効果のほかに、ストレスを改善するという効果も…。60名の自律神経失調症の患者さんを対象に整膚前と後のストレスの変化を測定したところ、ほとんどの人が整膚施術後に血圧やストレスの状態が改善された、との報告があるのです。これは、沖縄県医師会理事、医療法人上泉会理事長の稲田隆司氏が2005年に東京整膚研究発表大会で発表したもの。測定はBianKaというストレスアナライザーで行いましたが、程度の違いはありますが、ストレスが軽減したという測定結果に。

その研究結果から、肌つまみには自律神経の調整、リラックス効果、落ち込んだ状態からの回復、体温の上昇、血圧の低下といった効果に期待が寄せられます。

ストレスアナライザー（BianKa）による分析の1例（48歳女性）

		整膚前	整膚後
ストレス値（%）	胸部	60	→ 54
	右腹部	49	→ 38
	左腹部	44	→ 32
	下腹部	36	→ 24
血圧（mmHg）	最高	135	→ 129
	最低	88	→ 82
脈拍数		81	→ 68

交感神経と副交感神経の働きなどを数値化したもの。低いほうがよい。

chapter 2

私の「肌つまみ」体験

整膚学園の美容教室で私が指導し、「整膚美容師」となった方々は皆、キレイになっていきます。シミが薄くなった、ウエストラインがすっきりした――そんな声も寄せられています。しかも、同時に視力がアップしたり、花粉症の症状が消えたりと、整膚はさまざまな効果をもたらします。

肌つまみ体験談①

山田弥生さん（46歳）

がんを患ってから出合った肌つまみ。肌がしっとりしてハリが…。シミも薄くなってきました。

はじめは半信半疑で

５年前、卵巣がんを患い、サプリメントなどには頼らず自然の治癒力を上げる健康法を探していました。新聞の折り込みチラシで整膚のことを知り、興味を持つようになっていましたが、本格的な勉強は敷居が高く、躊躇《ちゅうちょ》していました。ところが２０１２年４月、地域で整膚講習会が開かれることを知り、これがちょうどチャンスと思って参加しました。

最初は半信半疑でしたが、蔡晶先生に顔の半分の肌をつまんでいただいたところ、１、２分で足がぽかぽかと温かくなりました。そして、つまんでいただいたほうの顔半分がリフトアップしてびっくりしました。

「肌をひっぱる」と聞いていましたが、実際はとてもやさしい感触でした。

肌にうるおいとハリが出てきた

これがきっかけできちんと整膚を勉強したいと、整膚師と整膚美容師の２つのコースをとって整膚学園に入学しました。

美容コースで気相のあたりをつまむ方法を教わり、目のまわりや頬など、顔の気相の肌つまみを毎日行いました。気相のあたりを1日１００回、教わったとおりにひっぱったのです。すると、とても肌の調子がよくなりました。肌の乾燥がなくなってうるおい、ハリも出てきました。

その間にすごいと思ったのは、口内炎の治り具合でした。頬の内側にできていた口内炎が、表側のほうの皮膚をひっぱっていたらみるみるうちによくなったのです。口内炎はこうして何度治したことでしょう。

シミが目立たなくなってきた

右頬に、お化粧しても目立つ1センチ大のシミがありました。これが整膚でとれるとは思ってはいませんでしたが、2ヵ月すると徐々に薄くなっていきました。まったく消えたわけではありませんが、ファンデーションを薄く塗ると目立たない程度まで薄くなりました。朝晩2〜3分、長い時には5分ほど顔を整膚しています。

そして、整膚を続けて今、シミはさらに薄くなってきています。

かかとのひび割れを腰やお尻の整膚で解消

秋から冬にかけては、乾燥してかかとがひび割れてきます。こうした乾燥にはクリームを使うのが一般的だと思いますが、かかとは骨盤まわりの反射区（内臓や器官につながると言われている末梢神経が集中している場所）でかかわりがあるようなので、腰やお尻のまわりをひっぱったところ、つるつるとまではいきませんが、かさつきやひび割れがなくなりました。

お腹まわりもかさついて粉をふいていましたが、肌つまみを始めてこれも治りました。整膚が肌をうるおわせることはまちがいないと感じています。

他人に整膚しても疲れない

整膚美容師と整膚美容師範の資格をとり、さらに今、博士コースで勉強中です。

上の娘（22歳）は胃腸が弱く、お腹にきゅうーとした痛みを訴えることがあります。そんな時には胃の真上を15分ほど肌つまみすると、痛みがおさまります。

下の娘（20歳）はパソコンの長時間使用などで悪い姿勢になってしまい、骨盤がずれていました。週1回骨盤のわきの肌をつまむことで、このずれを示す数値がだいぶよくなっています。

主人が疲れた時、肩こりや腰の痛みを訴えた時には肌つまみをしてあげます。日曜日、全身が凝《こ》っている時には1時間くらい肌つまみをします。30分ほどの整膚でも1週間体調がよいと主人は言っています。

そんなに長く整膚をしていると疲れない？とよくまわりの人から尋ねられますが、全然疲れないのです。

また、整膚美容サロンのスタッフとして、一般のお客様にも施術しています。会話をしながらその方に合った肌つまみをしていますが、1日働いても疲労を感じることがありません。自分でも心地よく施術できるのが、整膚の不思議なところだと感じています。

卵巣がんのほうは、3ヵ月に1回病院に通っていますが、検査では異常がなく、担当の先生から「完治したね」という言葉が聞けることを心待ちにしているところです。整膚のおかげで、細胞がイキイキと活性化したような気がしています。

1cm 大のシミが薄くなった！

〈 2012年4月12日 〉　〈 2012年6月19日 〉

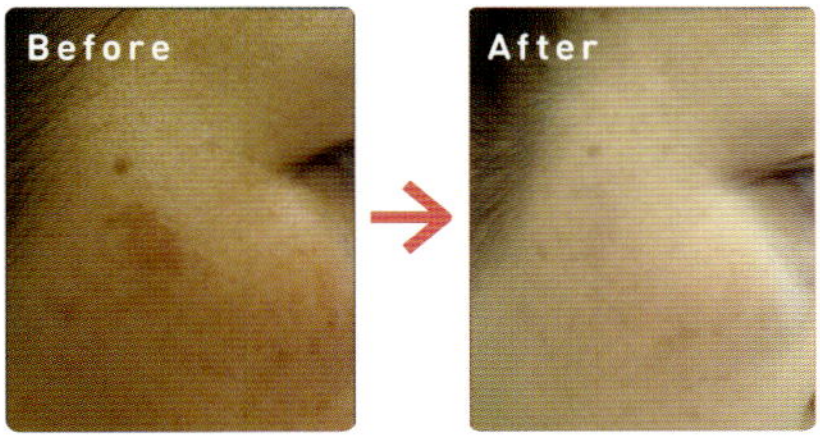

シミの肌の周辺を多めにひっぱったところ、2ヵ月でファンデーションで隠れるほど薄くなりました。

肌つまみ体験談②

若木葉子さん（47歳）

家族、友人の疲れ、こりをとるために始めた整膚で体重が4キロ減、お腹まわりも4センチダウン。目や鼻の調子もすごくよくなりました。

子供たちの疲れをとるために学び始めた

整膚を学び始めたきっかけは、４人の子供たちの疲れをとるためでした。中高生だった娘と２人の息子は、ほぼ毎日、部活の野球やハンドボールの練習で足を酷使。疲れきった足を引きずって帰ってきました。また、保育の仕事に就いているもうひとりの娘はいつも肩がぱんぱん。

帰宅した子供たちの足や肩を日々、もんであげていたのですが、もんであげる私のほうがとても疲れてしまうので、何かいい方法はないかと探していました。

また、膝が痛いという友人もいたので、何かしてあげられないかと考えていました。

整膚のことは新聞広告でふだん目にしており、気になっていましたが、ある時、思い切って友人を誘い、講演を聞きに行きました。２０１０年のことでした。

道具も使わず、肌をつまむだけで疲れをとったりこりを治したりすることができるなんてホント？とはじめは半信半疑でした。しかし、肌をつまむと本当に気持ちよかったのです。そこで、本格的に整膚を学ぶことにしました。

徐堅先生や蔡晶先生の講義には、たちまちのうちに引き込まれました。教わったポイントを抑えて家で肌つまみをしてみましたが、血流がよくなり、じんわりとからだが温かくなるのです。

講座では、仲よくなった受講者とお互いに教え合いながら、整膚を学びました。お年を召した方は皮膚がよく伸びるのですが、若い人はつまみにくかったりして、その人に合う力の加減も必要だと知りました。

毎日30分ずつ、4人の子供たちに合計2時間マッサージするとヘトヘトになったものでしたが、整膚はどんなに長く施術しても疲れることがありません。むしろ、私が元気になってくるのですから、不思議です。

当時反抗期だった息子とも、肌をつまむ時間はいろいろなことを話せました。スキンシップの効用でしょうか、ふだん話せないことも話せるよい機会となったのです。

体重4キロ減、お腹まわりが4センチダウン

エステティックにも行ったことがありますが、施術を受けた日はサイズダウンするのですが、翌日には元に戻ってしまうものです。肌つまみをすると、その日は必ず細くなり、さらに毎日肌をつまむことでどんどん効果が現れます。

朝トイレに行った時に1分つまむ、お風呂でつまむというように、暇をみつけては1日

若木葉子さん（47歳）

に3回は肌をつまんでいます。おかげで、約1年で体重が約4キロ減り、気になっていたお腹まわりが82・5センチから78・5センチまで細くなりました。食事制限や運動をしたわけではないのですが…。

ボランティアでランニング走者に整膚をしてあげたことがありますが、この時には足がつった人に施術して差し上げました。この日の体験が刺激となって、自分自身でも走るようになりました。先日は41・2キロを完走しましたが、走った後に足の皮膚をつまむと筋肉痛を起こすことがありません。

今は体重が51キロに落ち、腹囲は67センチまでに落ちました。

視力がアップ、花粉症の症状が消失

目のまわりの肌をつまんだおかげで、視力もアップしました。以前はめがねをかけないと見えなかった文字が裸眼で見えるようになっています。

また私は20年間、花粉症に悩まされていて、花粉の飛散時期前は憂鬱《ゆううつ》な気分になったものです。治療として注射を打ったり薬を飲んだ上、マスクとめがねは必需品でしたが、効果はさっぱりで、花粉の飛散シーズンは本当に辛い思いをしていました。

しかし、肌つまみだけを行うと決めて、鼻のまわりの肌をつまむことで、症状が軽減しました。おかげで今、薬は飲まずにすんでいます。

また、目がかゆくなると、目のまわりをひっぱるようにしました。はじめは血流がよくなりかゆみが強くなりますが、だんだん落ち着いてきてかゆみはなくなります。目をこすらずひっぱるので、しわ対策にもなるようです。

肌つまみをしてあげた人からは、マイナスの感想を聞いたことはありません。皆、効果が感じられると話してくれます。

いいことずくめの肌つまみ。そのよさを、他の人にも伝えてあげたいです。

約1年で体重、腹囲減、視力はアップ

	検査項目	2012年3月	2011年2月
身体測定	身長（cm）	159.1	159
	体重（kg）	55.8	59.6
	肥満度（BMI）	22	23.6
	体脂肪率（%）	26.5	30.6
	腹囲（cm）	78.5	82.5
視力	右（裸眼）	0.8	0.5
	左（裸眼）	0.8	0.3

健康診断の検査結果より

肌つまみ体験談③

安藤明子さん（59歳）

効果が持続する肌つまみはすごい。リフトアップに効果があり、お腹の部分やせが実現しました。

エステより効果が持続する

整膚の無料体験・講演会で、化粧品などに頼らずに皮膚をひっぱるだけで効果が現れるというお話を伺い、興味をひかれて勉強することにしました。

給食の調理という仕事に就いているので、通信科のコースをとりました。看護師さんたちのように予備知識もなかったので、最初のうちは講義を聞いてもわからないことだらけでしたが、再度勉強していくうちにのみ込めるようになりました。何より実践が大事ですから、実技を学んで実際に肌つまみを行っていくうちに講義の内容も納得できるようになりました。

施術自体は肌をゆっくりひっぱって元に戻すだけの簡単なもので、誰でもできるものです。肌をつまむことで血行がよくなり、健康になります。

すごく効果が感じられたのはリフトアップの面です。自分で言うのもなんですが、私はもともと若く見られるたちです。目の下のたるみやしわなどには無縁でしたが、肌つまみでたるみやしわを防ぎ、今後もこのまま維持できたらいいなと思っています。

かつては、エステティックがどんなものか体験しに行ったこともあります。エステは、施術を受けた直後は確かによいのですが、効果が持続することは実感できません。その点、肌つまみは効果が持続し、すごいと感じます。また、高価な化粧品にお金をつぎ込むよりずっと確実です。

お腹まわりがすっきり

肌つまみでお腹まわりがすっきりしたという話は、周囲でよく耳にします。私自身は肥満しているわけでもなく、特にやせたいと望んでいるわけではないのですが、肌つまみを行うようになって、体重はあまり変わらないものの、腹囲が1年で72・0センチから67・0センチまで落ちました。

お風呂に入った時と寝る前にお腹をつまんだのですが、効果はテキメンでした。寝る前に行うと代謝を高めるようで、寝ている間に自然にやせるのです。内臓にもよいようです。お腹やせに熱心な人はトイレに行った機会を利用するとか、しょっちゅうお腹の皮膚をひっぱっているようです。

視力がよくなった

年相応に老眼が進んできているのも悩みのタネです。テレビを見ているうちに、画面がぼやけて見えてくることもありますが、こんな時に目のまわりの皮膚をひっぱると、はっきり見えるようになります。こんなふうに、肌つまみには即効性もあるのです。即効性と言えば、整膚で頭痛がたちまち治った経験をしたからと、整膚を学びに来た人もいるようです。

また、視力も大分よくなりました。健康診断で検査した結果では、２０１０年８月には右目が０・４でしたが、２０１１年に１・０まで上がりました。左目は０・２でしたが、０・９までよくなりました。

今では、細かい文字もめがねなしで読むことができます。

整膚で人生が豊かになった

友人が遊びに来た時、肩が凝るとか痛いと訴える人には肌をつまんであげます。また、職場で調子が悪いという人にも肌つまみをしてあげます。

２０１１年、整膚学園の海外研修旅行でパリに行った時に、帰りの飛行機の中で隣り合ったフランス人が突然泣き出したことがありました。言葉は通じませんでしたが、紙に英語の簡単な単語を書いてもらうと、お母様を亡くされた直後で、そのために沈んでいたということがわかりました。

少しでも彼女がリラックスできたら、彼女の力になってあげられたらと思い、顔と手の皮膚をつまんであげたところ、気持ちが落ち着き、表情も柔らかくなりました。からだが温まって血行がよくなったのでしょう。言葉は通じなくても、私の気持ちは通じたようです。その方からは、感謝の気持ちが伝わりました。

整膚を学んでいなかったら、つらい思いをしている彼女には何もしてあげられなかったでしょう。

この時ほど、整膚を勉強してよかったと思ったことはありませんでした。

整膚のおかげで人生が豊かになったと感じています。

整膚は道具は必要なく、言葉が通じなくても、自分の手があればいつでもどこでも施術できます。習得したら、器具や機械などを購入したりしなくても腕ひとつで始められる仕事としても有望ではないでしょうか。

1年で腹囲がサイズダウン、視力はアップ

	検査項目	2011年8月	2010年8月
身体測定	身長（cm）	158.0	157.6
	体重（kg）	46.2	46.4
	肥満度（BMI）	18.5	18.7
	腹囲（cm）	67.0	72.0
視力	右（裸眼）	1.0	0.4
	左（裸眼）	0.9	0.2

健康診断の検査結果より

COLUMN 2

肌つまみを施す側も癒される

肌つまみを体験した人のお話では、長時間、他の人に肌つまみをしても疲れないということでしたが、肌つまみをする側も癒されていることがサーモグラフィで明らかに。施術を受ける側の皮膚温は、施術直後は上がって10分後に下がり、再び20分後に上昇しますが、施術者のほうの皮膚温も徐々に上昇しています。

施術をすると、軽い力を加えるので多少の変化があるのは当然ながら、施術を受ける人と同じく10分後より20分後のほうが高くなっているのも興味深いですね。（2009年の第2回メディカル整膚研究会における、メディカル整膚研究会会長、広瀬クリニック院長（当時）、広瀬滋之氏による研究発表より）

整膚をしてもった人と整膚を行った人のサーモグラフィの変化

整膚してもらった人（44歳女性）

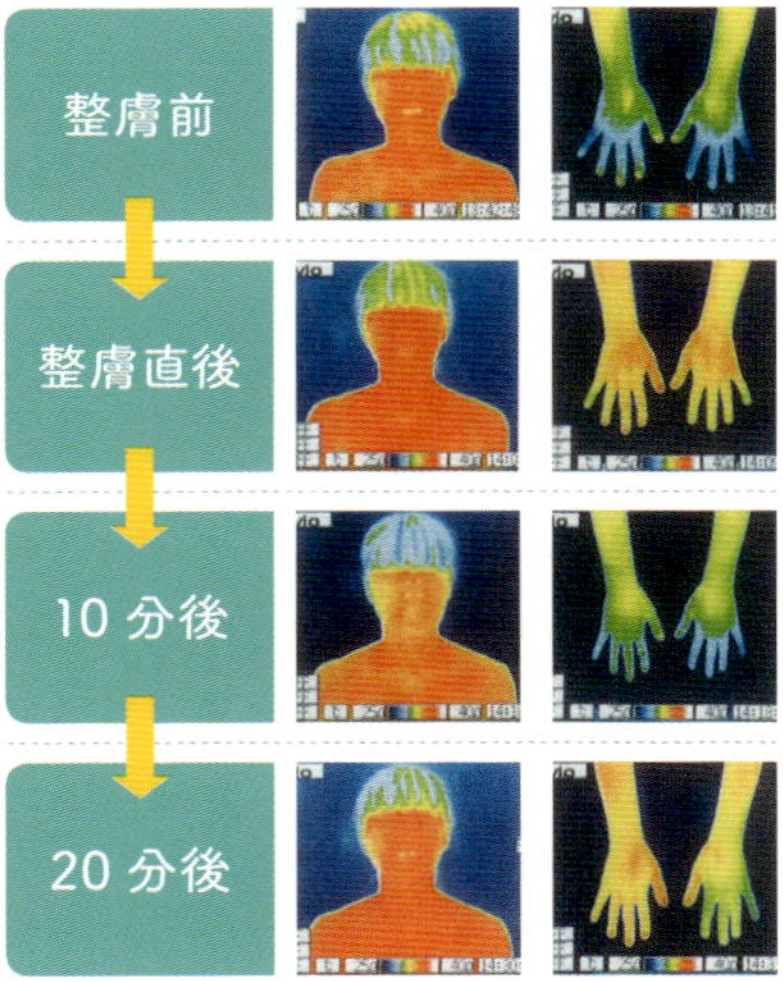

整膚を行った人（40歳男性）

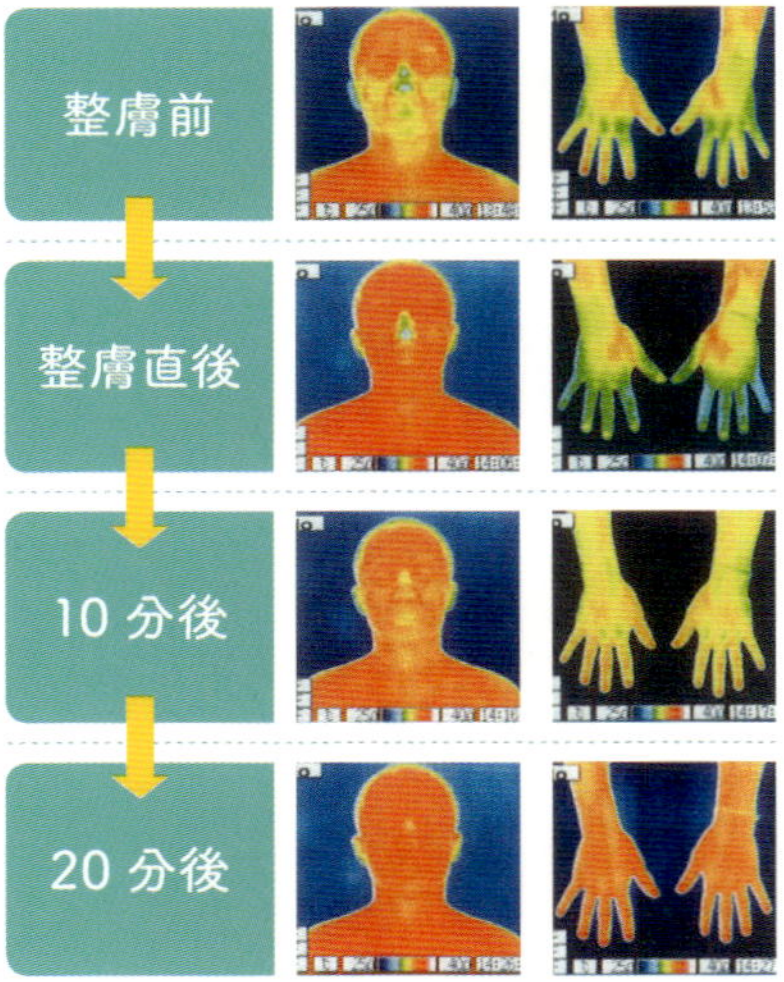

chapter 3

つまんで肌のエイジングをストップ！

ひっぱって肌の血流をよくし、皮膚温度を上げることでくすみが消え、シミ、しわのないうるおいに満ちた素肌に。薄毛を気にしている人にも朗報！　頭皮をつまむことで、健やかな髪が生まれてきます。

軽く、やさしくつまみましょう！

シミ、しわのないつややかな肌作り

美顔のための整膚は、表皮、真皮のみを刺激します。指先だけを使って、軽く皮膚をつまんでゆっくり軽くひっぱり、ゆっくり戻します。痛みが出ない程度に浅く、軽くていねいに行います。すべて上の方向に向けてつまみます。下方向につまむと逆に垂れていってしまいますから、ご用心！

次ページから肌つまみの実際に入りますが、最初にご紹介するのは、美顔のための一連のステップ。スキンケアとして行う美顔ステップです。毎日の習慣にすると、肌がつややかにうるおってきます。

続いて、年とともに気になってくるトラブルを撃退する肌つまみの方法をお教えします。行う時間は毎日1回2〜3分という場合、1分をワンセットとして2〜3回行ってもかまいません。朝晩と1日のうちいつでもOKです。眉間のしわやほうれい線、目元のたるみ、シミなどなど…年だからとあきらめないで、さっそく今日から肌つまみをスタート！

肌つまみはここに効く！

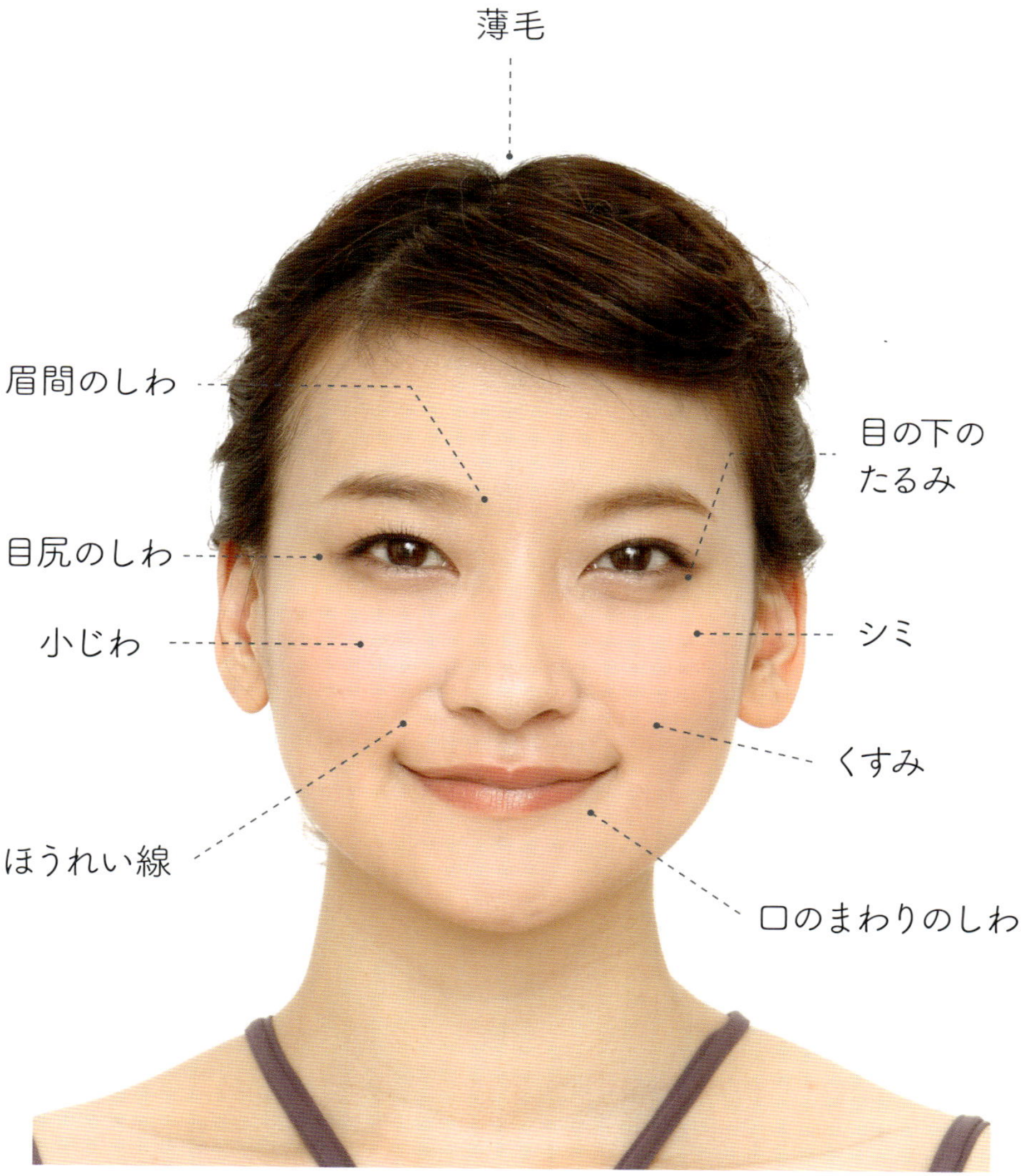
薄毛
眉間のしわ
目の下の
たるみ
目尻のしわ
小じわ
シミ
くすみ
ほうれい線
口のまわりのしわ

シミ　しわ　たるみ　くすみ に効く美顔ステップ

血行が悪くなると、顔色がくすみます。皮膚をひっぱることで、皮膚温度を上げ、血行を改善します。シミやしわも肌つまみでストップ！

朝晩、以下の肌つまみを各所合計して２～３分行うようにします。それ以上行うとむしろマイナス。朝だけ、あるいは晩だけ行っても十分効果があります。

まぶた、鼻のまわりなど顔の中心部は特にやさしくつまんでください。この部分がやせてしまうと老けた印象になってしまいます。あくまで軽く、やさしく、と心がけて。やりすぎにも注意してください。

顔の肌つまみは真皮まで

肌は、表皮と真皮、皮下組織の３つの層でできています。もっとも表面にある表皮はうるおいを保ち、外の刺激から肌を守る層。その下層にある真皮にはエラスチンやコラーゲンなどがあり、肌の弾力とハリを保っています。皮下組織はほとんどが脂肪で占められており、クッションのように表皮と真皮を支えています。表皮は0．2㎜ほど、真皮は2㎜前後という薄さ！顔の皮膚をつまむ時には、ぶどうの皮をむくようなやさしさが必要です。

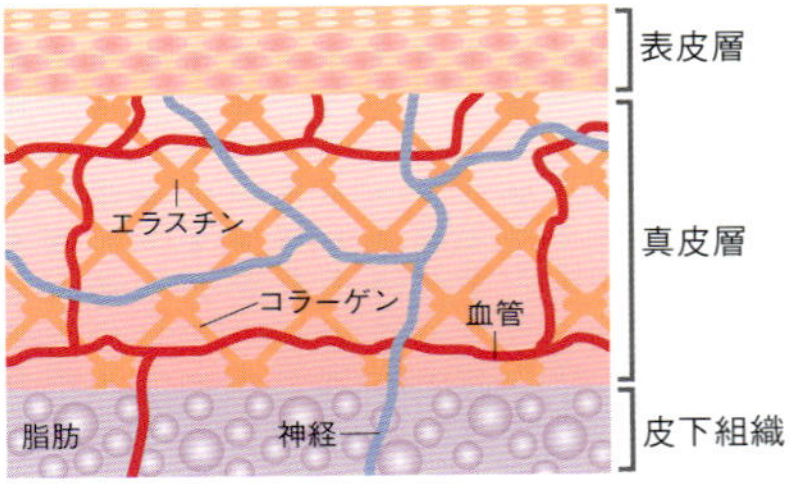

ひっぱる回数

朝晩2～3分

ひっぱる場所

・眼1　・眼2　・眼4
・頬　・眉間　・輪郭1

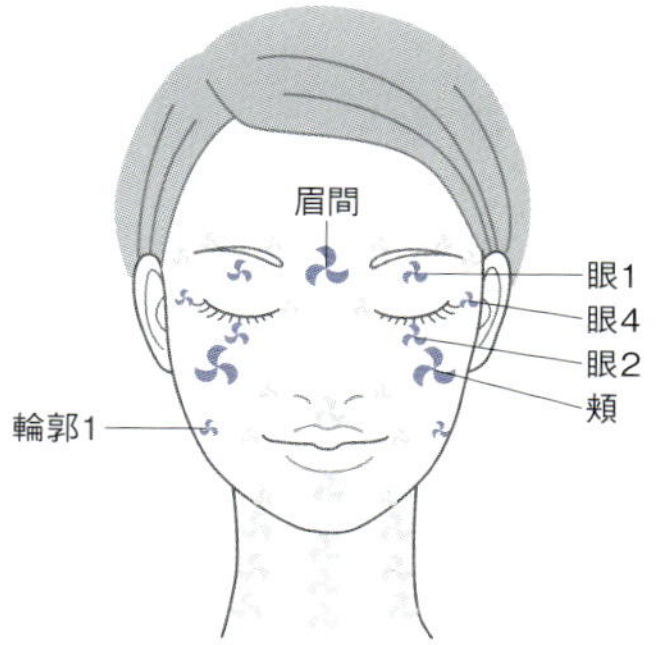

Let's try

1

眉の下のへこんだところ（眼1）を
軽くつまむ。

2

まぶたの下のへこんだ部分（眼2）をつまむ。
あまり強くひっぱらないように。

3

頬をつまんでひっぱる。
両手で行っても片手ずつでもOK。

4

目尻のところ（眼4）を上に向けて軽くひっぱる。
やさしくゆっくりと。

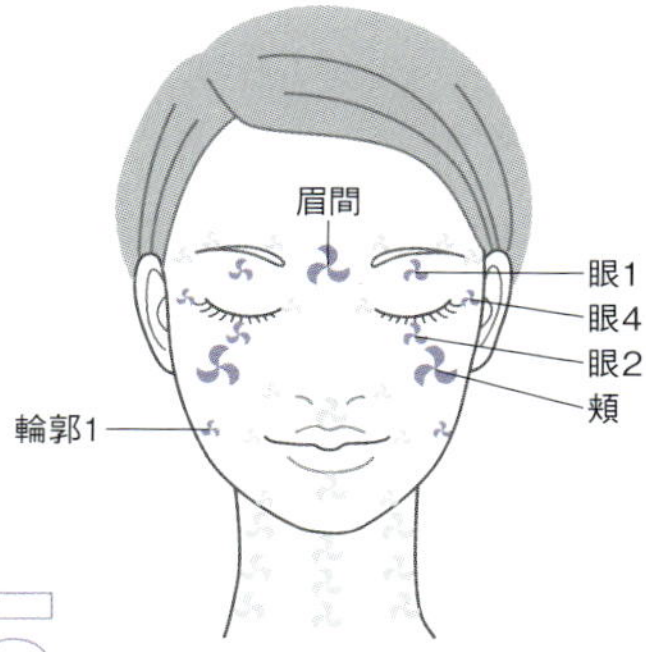

5

眉間を軽くひっぱる。肌に垂直方向に。

6

えらのあたり（輪郭1）をひっぱる。

肌がキレイ＝内臓も健康

目や耳、鼻、口は内臓と深いかかわりがあります。その周辺の皮膚をひっぱることで、肌をキレイにすると同時に内臓の働きにも活力を与えられます。果物は皮がキレイであれば実も新鮮ですね。人間も皮膚がキレイであれば、内臓も健康で元気でいられるのです。

つまみ Lesson

目尻のしわの予防と改善に

目尻のしわは時に、年輪を重ねた女性の魅力に変わりますが、
やはり老けた印象は否めません。
このしわを予防したり、改善するひっぱり方です。

目尻でくぼんだところを親指と人差し指で
やさしくつまみ、垂直方向にひっぱる。
指の方向はしわに対して直角に。

ひっぱる時間

毎日1回左右約2分ずつ

ひっぱる場所

・眼4

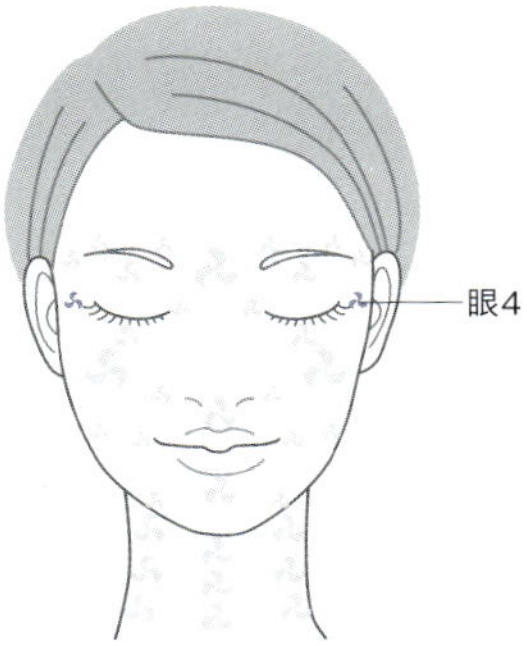

(POINT)

目のまわりの皮膚は薄くてデリケート。やさしくつまむように!

両手の親指と人差し指で目尻の皮膚をつまみ、
上下に広げる。力を入れすぎないように。

つまみ Lesson

目の下のたるみにさよなら

たるみが目立ちやすいのが目の周辺。たるみを防いで目力を保ちましょう。
まぶたの真ん中で一番へこんでいる部分は目の疲れが出やすいところでもあります。

ひっぱる時間
毎日1回左右約2分ずつ

ひっぱる場所
・眼2

【POINT】
ここもデリケートなところなので、つまむ時には力を入れないこと!

目の下のくぼみをひっぱる。
皮膚の薄い部分なので、あくまでソフトに。

つまみ Lesson

シミを防ぐ！　薄くする！

頬の高い部分は、横向きに寝た時圧迫されていますし、頬は、毎日洗顔したり、タオルで拭く時、無意識のうちに押されています。そのためシミができやすい部分です。

ひっぱる時間

毎日1回左右約3分ずつ

ひっぱる場所

- 眼2
- 眼4
- 頬

(POINT)

仰向けで寝ることも、シミ予防には大切。

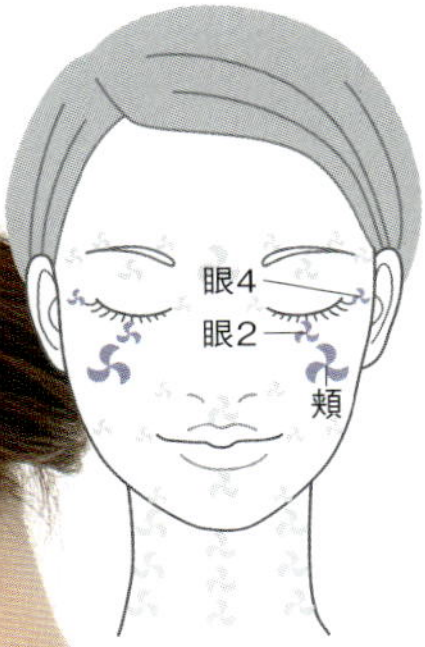

シミができやすい頬の皮膚をつまみ、軽くひっぱって戻す。色素が沈着してシミになっている部分とその周辺は重点的に行う。

つまみ Lesson

眉間のしわはけわしい表情のもと。筋肉を柔らかく

顔の筋肉(表情筋)が疲労すると、皮膚のハリが失われ、しわの原因に。
皮膚をひっぱることで硬くなった筋肉を柔らかくし、
しわの予防、改善をめざしましょう!

(POINT)

指と皮膚との接触面を大きくするのがコツ。はさむ力は弱く、前腕と上腕の力を使う。

両手の親指と人差し指の指腹で
眉と眉の間の皮膚を横につまみ、横にひろげる。

ひっぱる時間

毎日１回約２〜３分

ひっぱる場所

・眉間

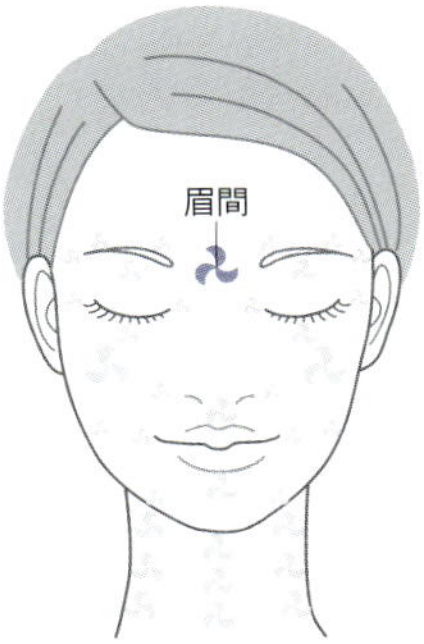

(POINT)

垂直に持ち上げることが大切。まちがっても下の方向にはひっぱらないように！　パッと手を離さないこと。

親指と人差し指で眉間の下の横じわを縦につまみ、
そのまま皮膚をすくい上げるようにして持ち上げる。

つまみ Lesson

年齢を物語るほうれい線、口まわりのしわは防ぎたい

口の両側にできるほうれい線を予防、改善して若々しく。

□ 肌つまみで唇もつややかに

口の周辺の肌をつまむと、しわの予防にもなりますし、少しずつ唇の色と艶がよくなってきます。また唇の色は胃と関係があり、胃の調子が悪い時には唇の色が悪くなります。唇のまわりの肌つまみを行うことで、胃も健康になります。

口の横（口2）と、続いて小鼻のわきを軽くつまんでひっぱる。なお、口まわりのしわは唇の上、口1の部位をひっぱる。

ひっぱる時間

毎日1回約3～5分

ひっぱる場所

・口1 ・口2 ・頬 ・鼻

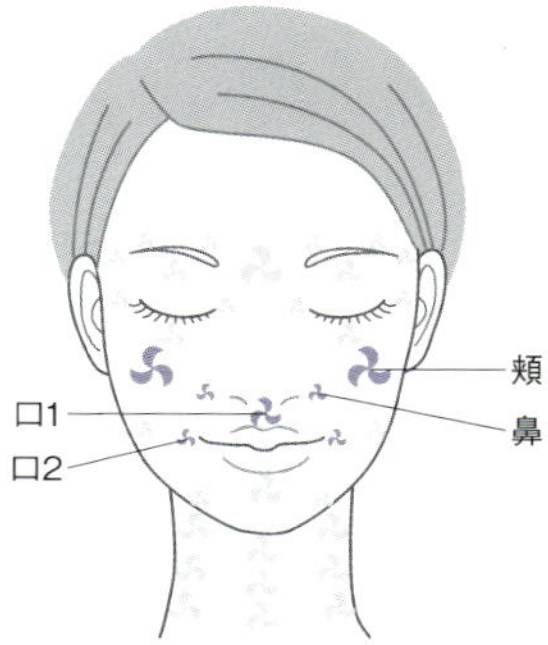

（POINT）

力を入れたり、必要以上にひっぱらないこと!

頬の皮膚を斜め上に、しわを広げるようにつまんでひっぱる。
寄せるだけでもOK。

つまみ Lesson

頭皮を健やかに 薄毛を改善

髪にふんわりとした感じがなくなってきた、ぺしゃんこになって髪型が決まらないと悩んでいませんか？　健康な毛髪は健康な頭皮から生まれます。
これは頭皮の健康によい肌つまみ法です。頭痛の改善にも。

(POINT)

短く切った爪を使うようにし、あまり圧迫しないように行いましょう。1回0・5〜1秒のリズムで、1ヵ所3〜5回。

耳の上からはえぎわの頭皮をつまんでいく。
親指と人差し指の2本の指腹で頭皮を1cm幅で絞り出すイメージで寄せるようにする。耳の上から頭頂部まで10ヵ所に分けて行い、髪の薄いところは重点的につまむ。

ひっぱる時間

朝晩1～2分

ひっぱる場所

・はえぎわ ・頭皮

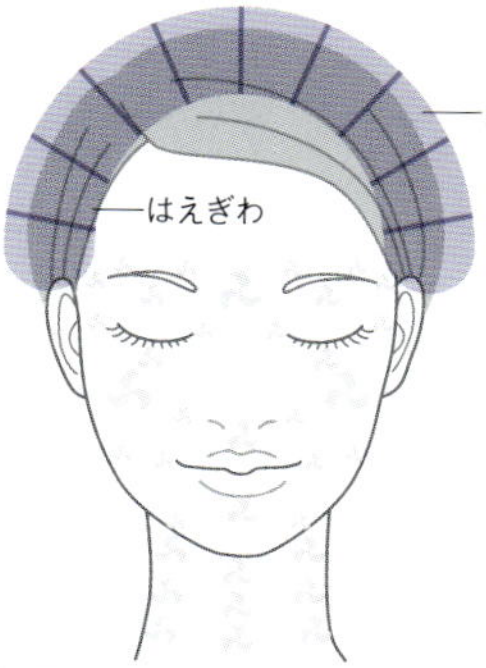

両手で行ってもよい。

□ 肌つまみで頭にこもった熱を追い出す！

中国では昔から、病気の予防と改善のためには、頭寒足熱の状態がよいと伝えられています。 つまり、頭を冷やして、足を温めることが健康につながるということ。 頭皮には無数の小さな穴があり、肌つまみを行うことで、頭にこもった熱が頭皮の皮膚呼吸を通じて外に発散されます。 そのため、頭痛も改善されます。

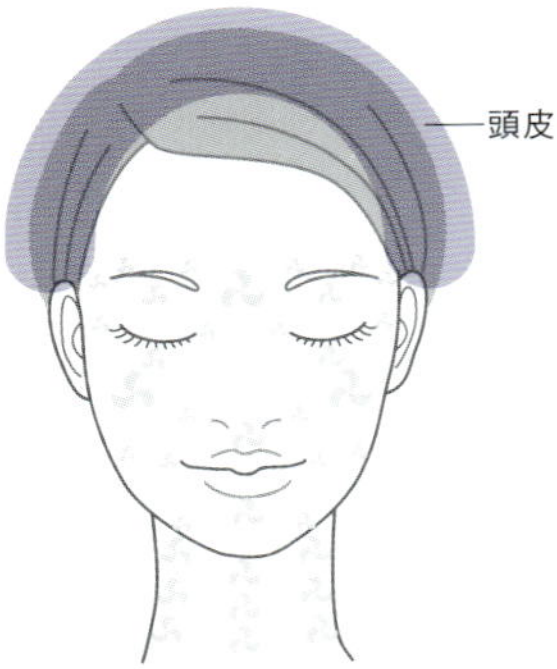

頭皮を健やかに。薄毛を改善

(POINT)

指の腹を頭皮にあて、前後、左右、あるいは円形に頭皮を動かすようにする。1回3～5秒、1ヵ所につき約5回。

親指以外の４本の指で上方向に、毛根の毛並みに逆らってすく。方向は額から後頭部、耳から頭頂、後頭部から頭頂へと行う。指先だけでなく、両腕から全身を使う気持ちで。

chapter 4

「肌つまみ」で スリムボディに

スリム効果のある肌つまみ。気になるところをひっぱってみれば、その効果を実感するはず。その付近の内臓や器官にもよい刺激にもなって、健康もいっしょに手に入れられます！

顔、ボディを引き締める

毎日からだの各部をひっぱると、皮膚に弾力性が戻り、柔らかくなって引き締まってきます。

ぽっこりお腹も引っ込めて、くびれのあるメリハリボディをめざしましょう！乳房の皮膚をひっぱると、垂れを予防でき、しかも皮膚の温度、水分量、明度、においのバランスがとれて気と血液の流れがよくなり、乳がんの予防にも役立ちます。

基本的には、指全体を使って皮膚をひっぱり、次のようなポイントで行います。

1. 表皮、真皮、皮下組織まで大きくひっぱる
2. できるだけ中に浸透するように行う

洋服を着た上からひっぱってもかまいません。

ちょっと時間が空いた時、気がついた時に肌つまみを行いましょう。

ただし、乳房の皮膚への刺激は真皮までとし、浅くていねいにつまみます。

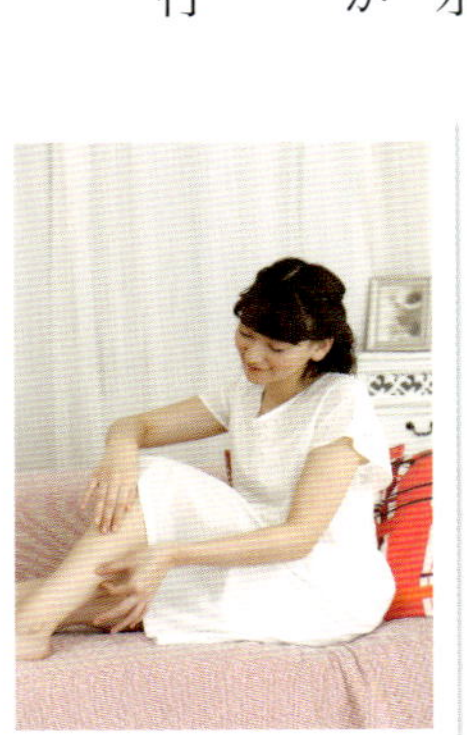

肌つまみには抜群の引き締め効果が！

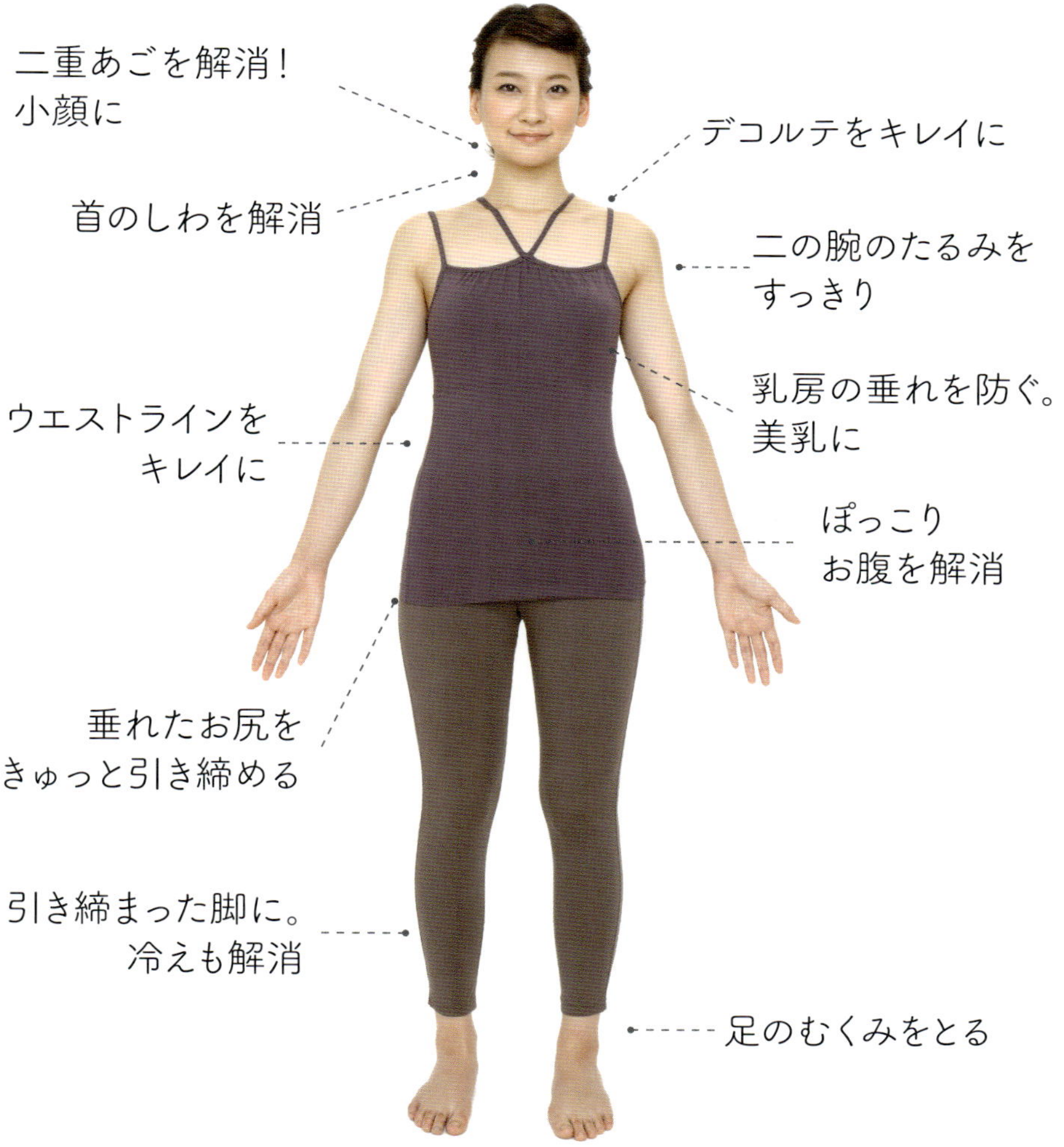

つまみ Lesson

二重あごを解消してきれいなフェイスラインに

年とともに顔の下半分に脂肪がついて輪郭がぼやけてきます。
あごをすっきりさせて顔の輪郭をはっきりさせましょう。

(POINT)

できるだけ中に浸透するように大きくひっぱる。

あごの下(首中1)の皮膚をつまみ、ひっぱる。

ひっぱる時間

毎日1回約3～5分ずつ

ひっぱる場所

- 口3
- 首中1
- 首外1
- 輪郭1
- 輪郭2

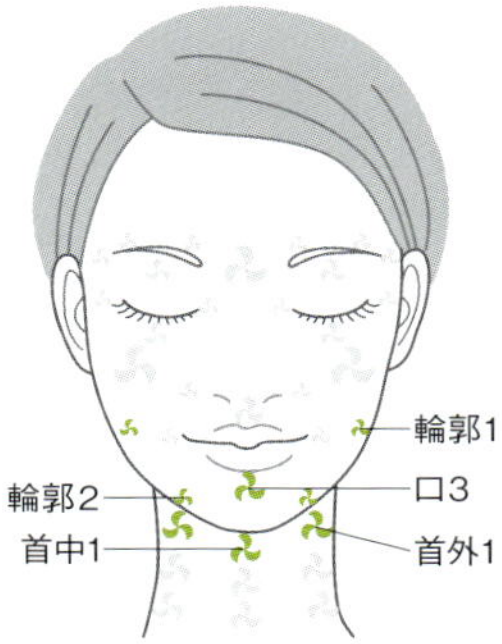

(POINT)

皮膚に垂直に。痛みが出ない程度に!

首外1の皮膚をつまみ、ひっぱる。
口の下(口3)と、顔の輪郭に沿って輪郭1、輪郭2もひっぱる。

つまみ Lesson

首のしわを解消して若々しい首元に！

首に大きく刻まれたしわは年齢を物語るもの。しわを防いで、首元をキレイに！
首の疲れはあごの下に現われやすいものです。
耳の下からあごの下までひっぱると、首の疲れがとれ、首こりの改善に。

□ よい姿勢も心がけて

首のしわを作りだす原因のひとつに、悪い姿勢があります。高い枕を使ったり、いつも下を向いた姿勢で作業をする人は長時間首が曲がった状態になり、皮下組織をはじめとして首の皮膚が圧迫され、深いしわができやすくなります。

首の真ん中を通る線の3カ所（首中1、首中2、首中3）の皮膚をつまみ上げる。

ひっぱる時間

毎日1回約2〜3分

ひっぱる場所

- 首中1
- 首中2
- 首中3
- 首外1
- 首外2
- 首外3

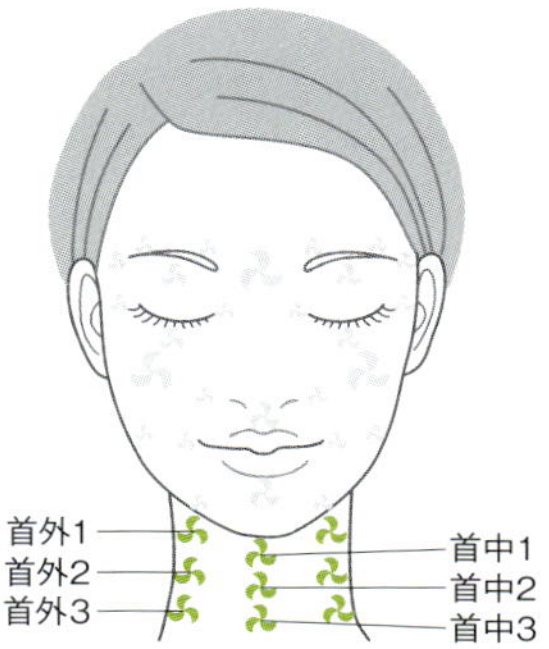

(POINT)

皮膚に垂直にひっぱること。

首の横の部分の皮膚を3カ所(首外1、首外2、首外3)軽くつまみ、ひっぱる。

つまみLesson

着こなしの決め手、デコルテをきれいに

胸のあたりをすっきりさせ、バストアップにも。
猫背の改善につながり、肩こりも改善されます。
皮膚が赤くなりやすい部分なので、やさしくつまむようご注意！

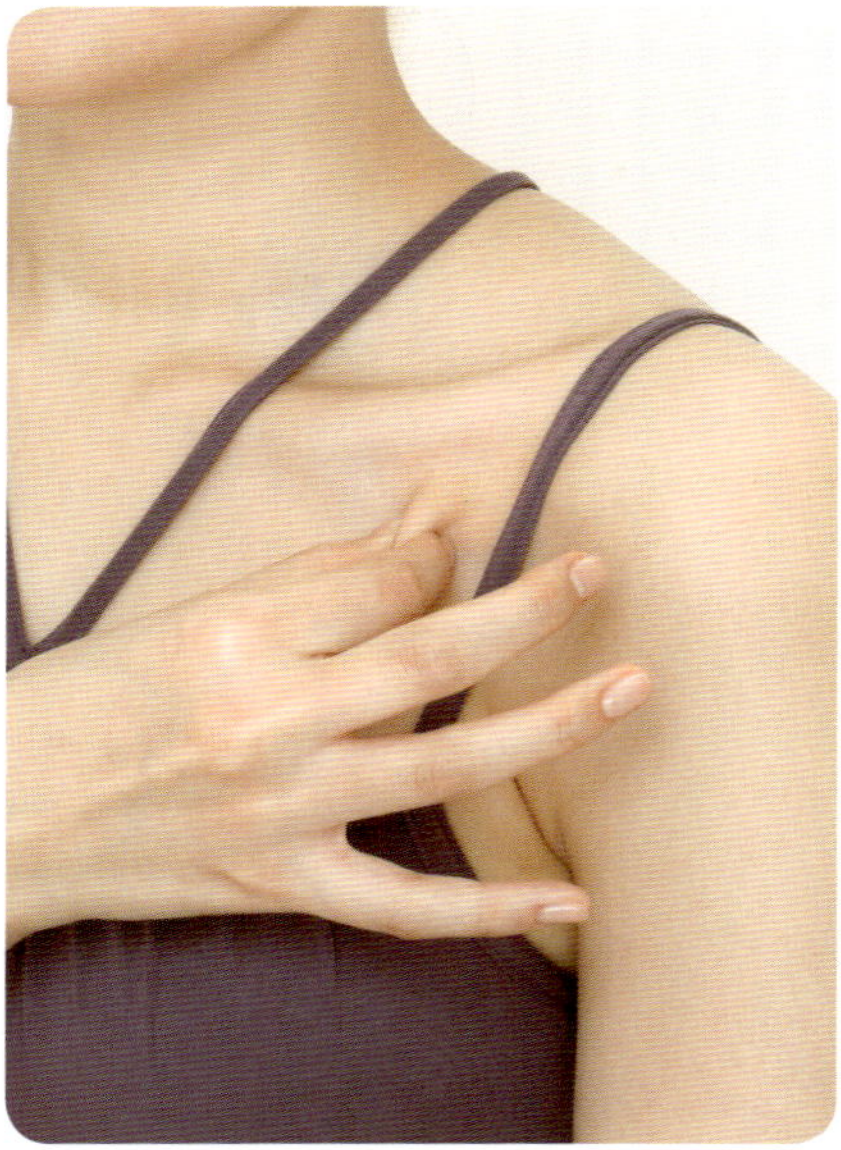

鎖骨の下の皮膚をつまみ寄せ、
持ち上げる。これは真皮までの
刺激とし、指先だけで軽くつまむ。

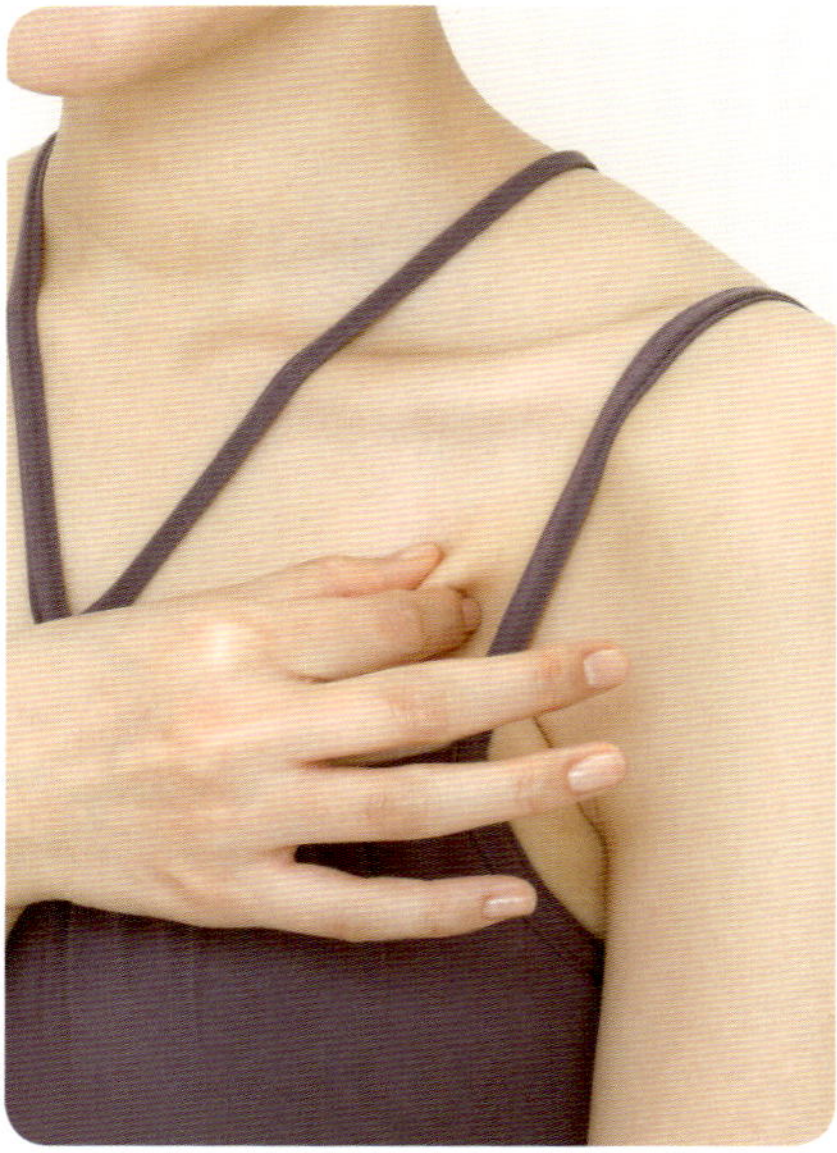

脇前のあたりを皮下組織まで
刺激するよう、つまんでひっぱる。
肌つやをよくし、気の流れをよくする。
これはやや強い刺激になる。
やせた人に向いたつまみ方。

ひっぱる時間

毎日1回約2～3分

ひっぱる場所

・脇前　・鎖骨下　・胸骨1
・胸骨2　・胸部4

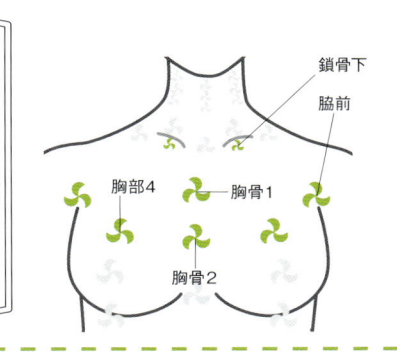

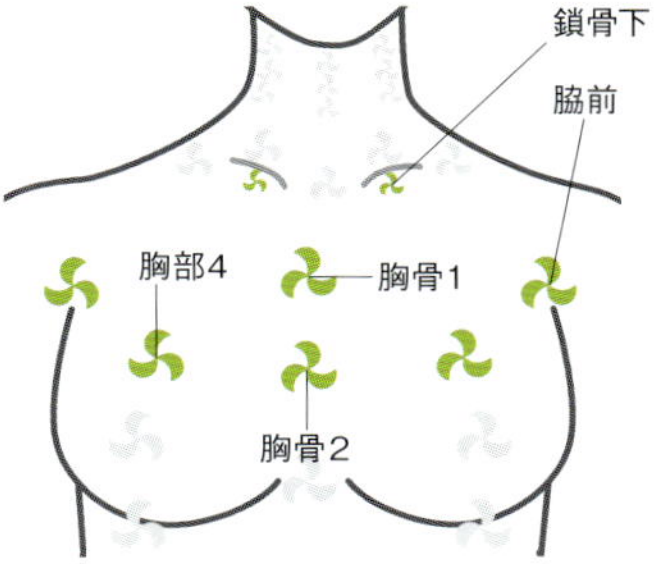

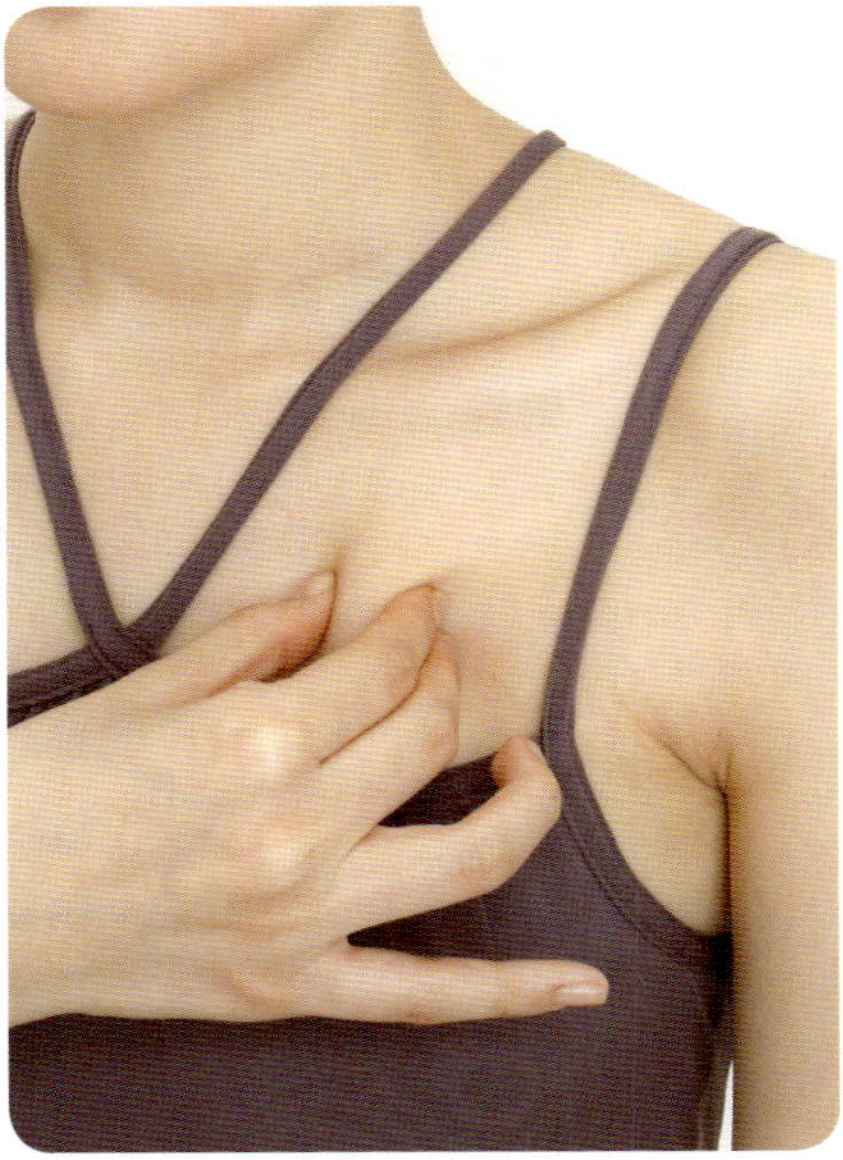

乳房の上部（胸部4）を大きくつまむが、力は入れない。これは皮膚が弱くデリケートな人に向いたつまみ方。乳がんの予防にもよい。

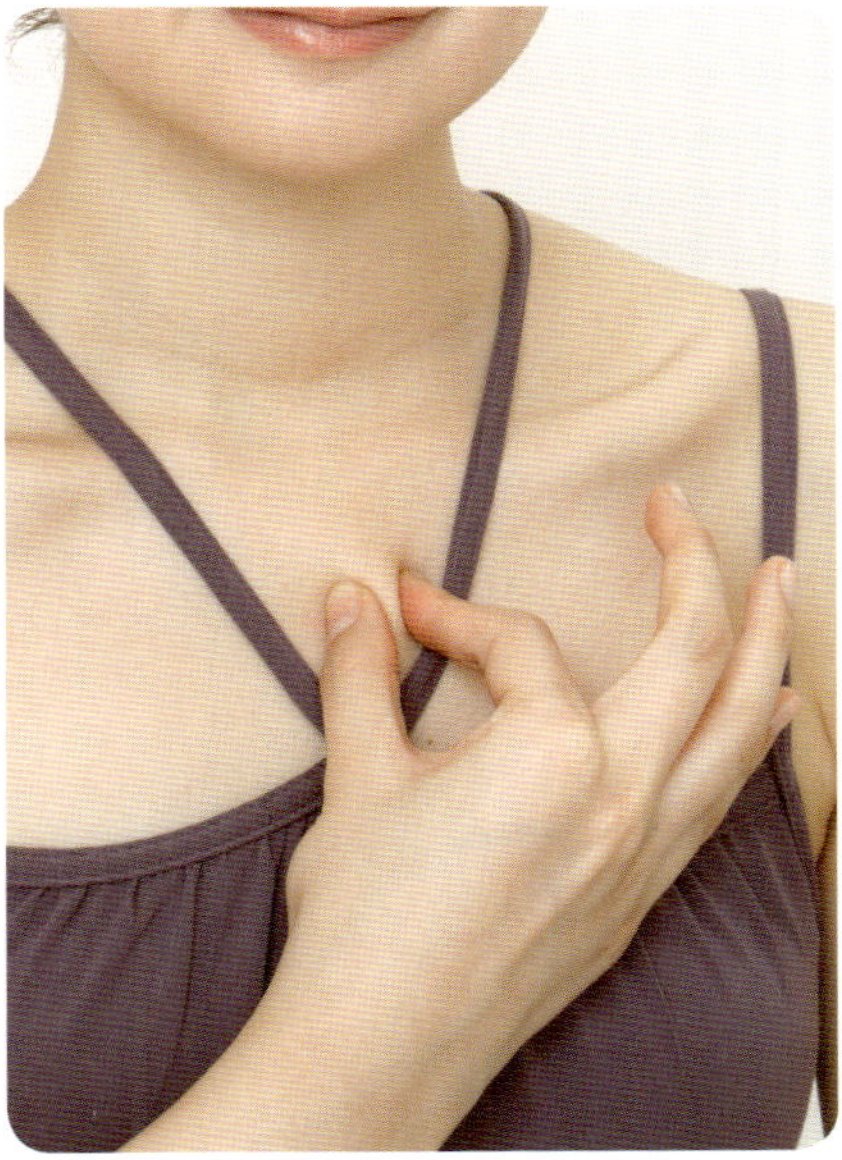

胸骨にそって皮膚（胸骨1、胸骨2）をひっぱる。

つまみ Lesson

たるんだ二の腕をすっきりと

毎日ひっぱると、たるんだ腕を引き締める効果が期待できます。
二の腕だけでなく、肩の上部と斜面もひっぱります。

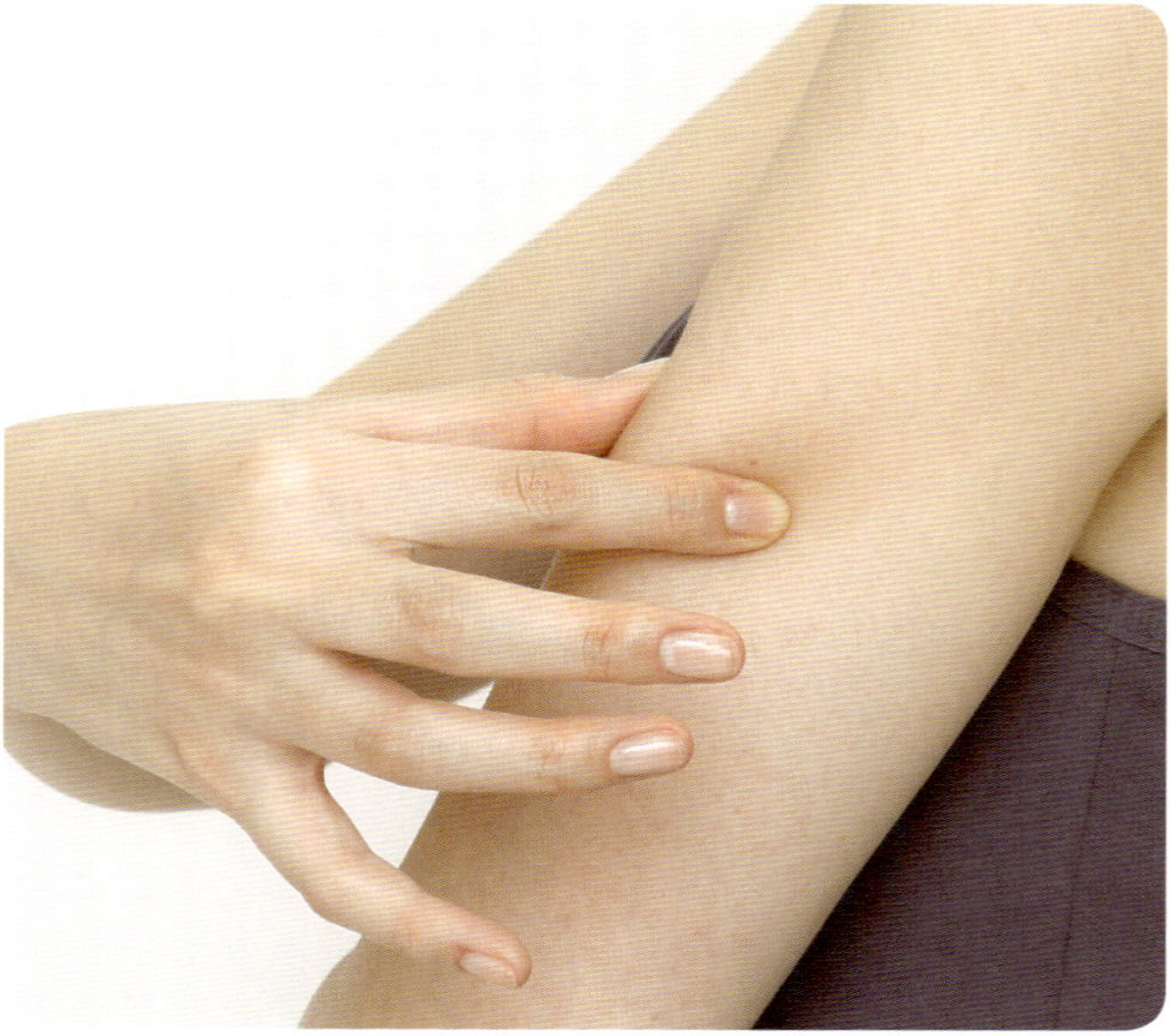

二の腕の外側と内側の皮膚をつまみ寄せ、ひっぱる。
寄せるだけでもよい。

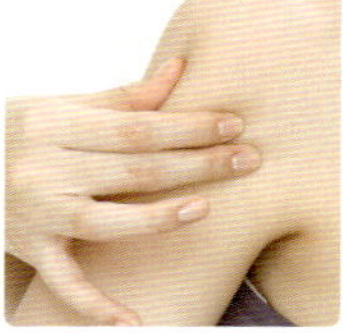

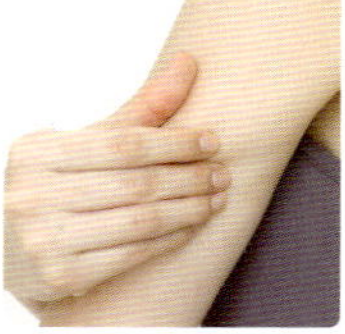

親指と人差し指だけでつまめない時には、中指も加えた3本の指でひっぱたり、さらには薬指も含んだ4本の指でひっぱります。

ひっぱる時間

毎日1回左右約3分ずつ

ひっぱる場所

・肩1 ・肩2 ・二の腕 ・腕

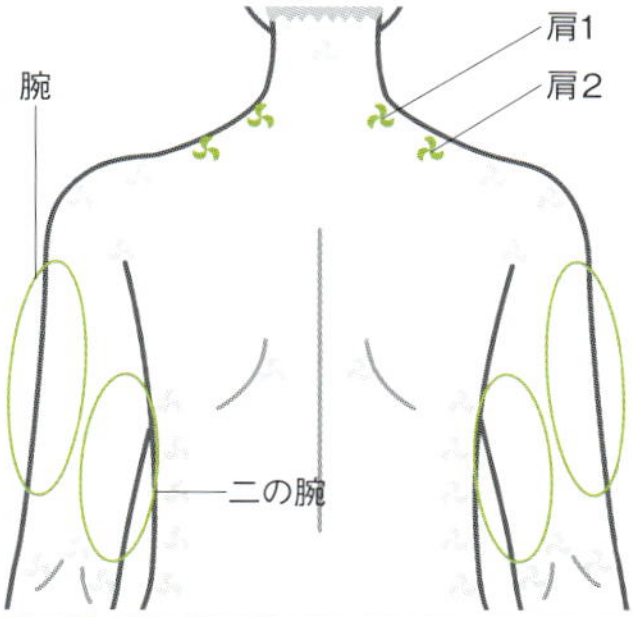

肩上部（肩1）を大きく上方にひっぱる。
肩斜面（肩2）は皮膚に垂直にひっぱる。

つまみ Lesson

くびれのある ウエストラインに

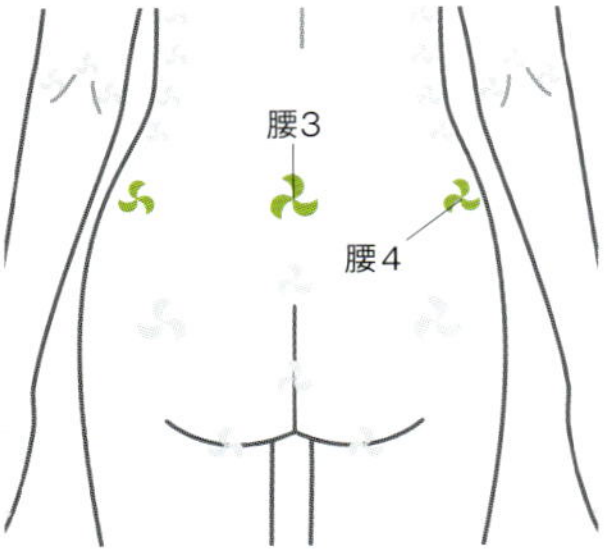

ウエストをすっきりさせて、
くびれのあるボディにしましょう。

(POINT)
2本から5本の指を
使ってひっぱる。

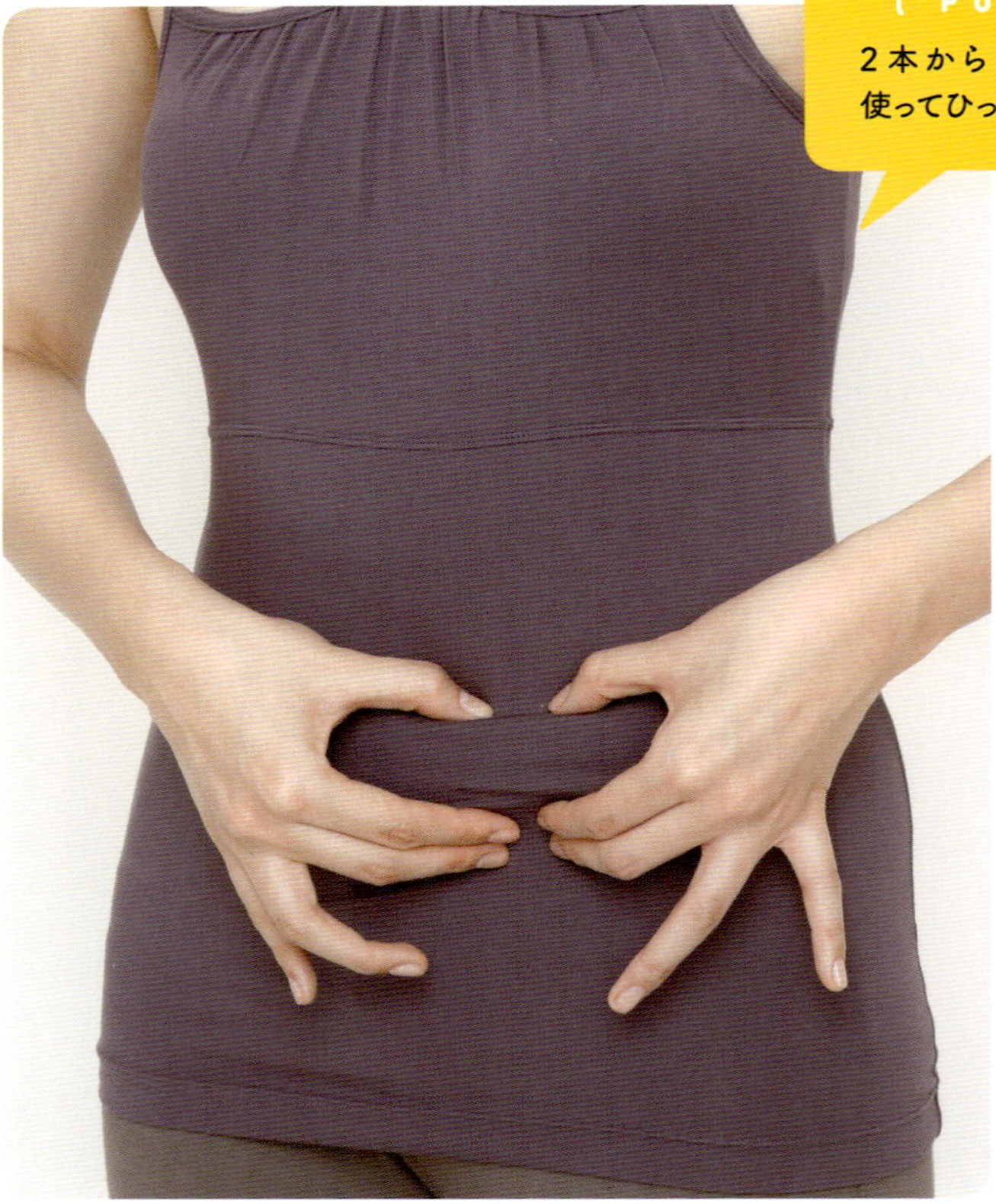

おへその上の皮膚（腰1）を持ち上げるようひっぱる。

ひっぱる時間

毎日1回約3〜5分

ひっぱる場所

・腰1　・腰2　・腰3　・腰4

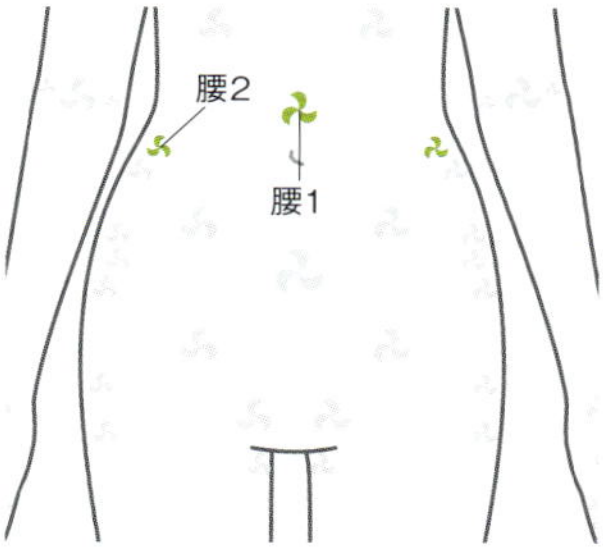

ウエストとお腹の肌つまみで気持ちのよいお通じに

毎日ウエストとお腹の肌つまみを行うことで腸の運動が促され、便秘の解消にもつながります。また、その他の内臓の機能も活発になります。

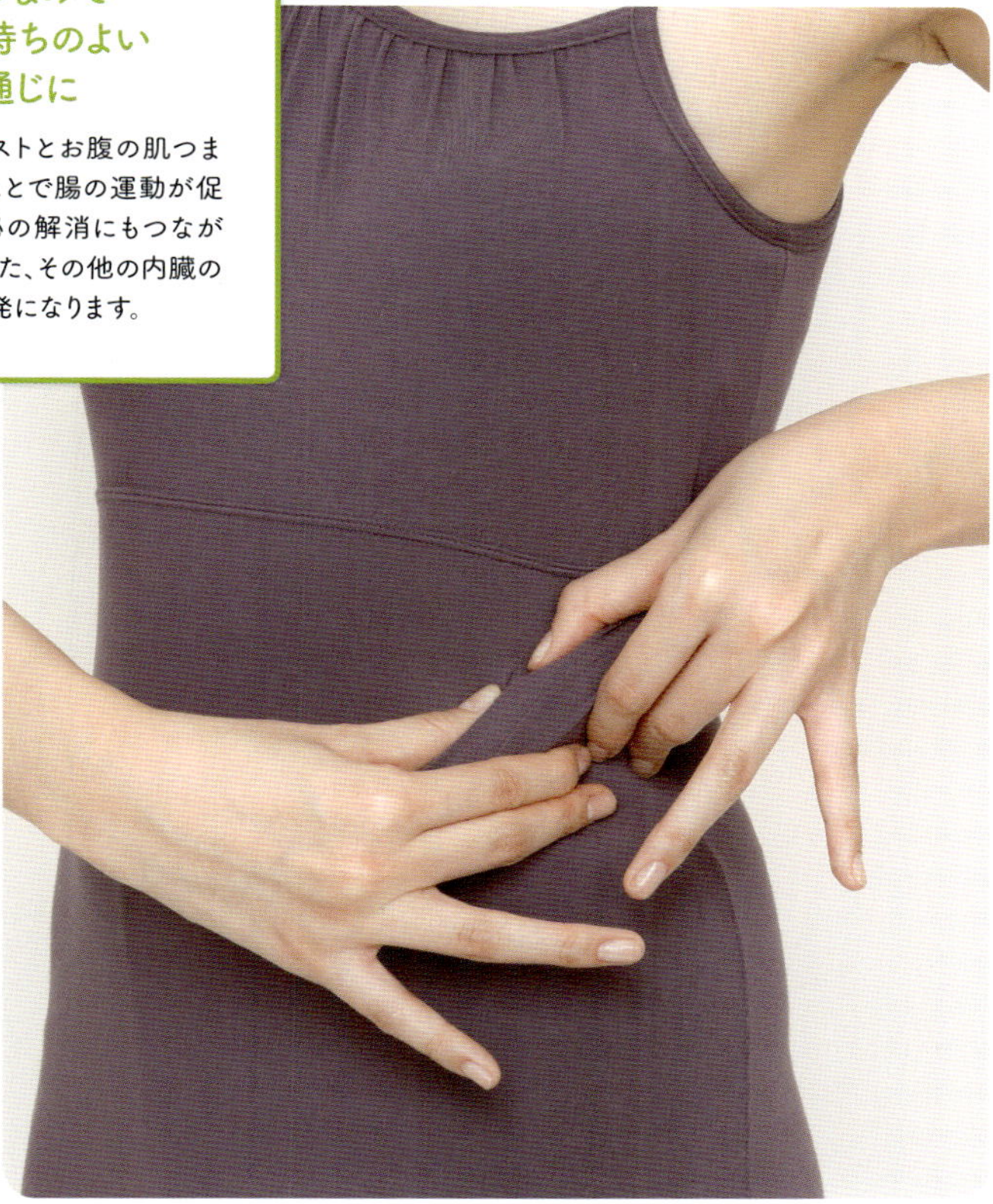

わきの皮膚（腰2）を持ち上げるようにひっぱる。
わき後ろ（腰4）の皮膚をつまみ寄せ、ひっぱる。
さらに、後ろ中心（腰3）をつまみ寄せ、ひっぱる。

つまみ Lesson

お腹をひっこませる

ぽっこりお腹を解消。年だからとあきらめないで、
若い頃のぜい肉のないお腹を手に入れましょう！
便秘にも効きます。

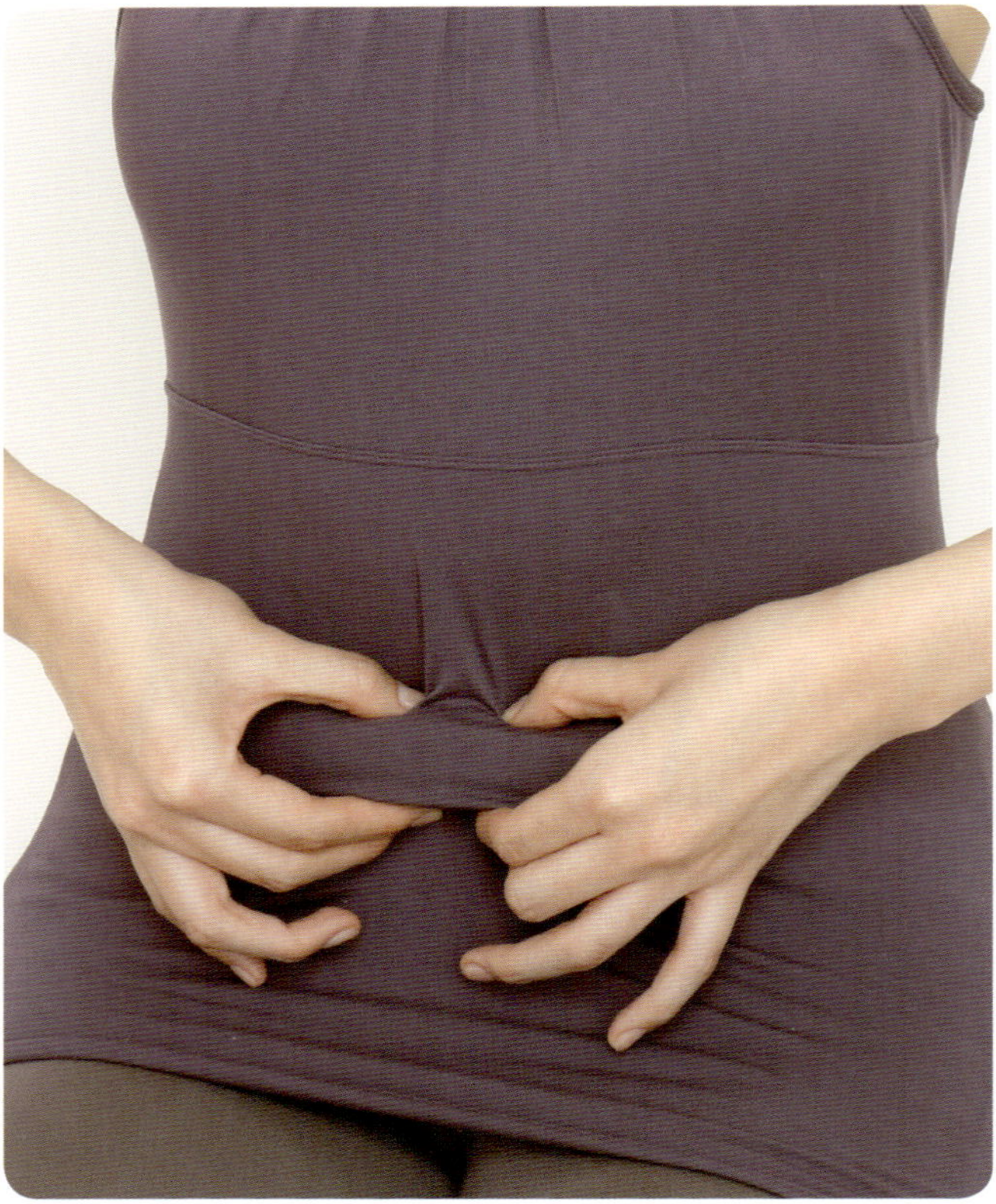

おへそと恥骨を結ぶ線の真ん中にある腹部1をつまみ、ひっぱる。
つまむ厚さに合わせて、２本から５本の指で。
つまんだ部分を指で振動させてもよい。

ひっぱる時間

毎日1回約3～5分

ひっぱる場所

・腹部1　・腹部2

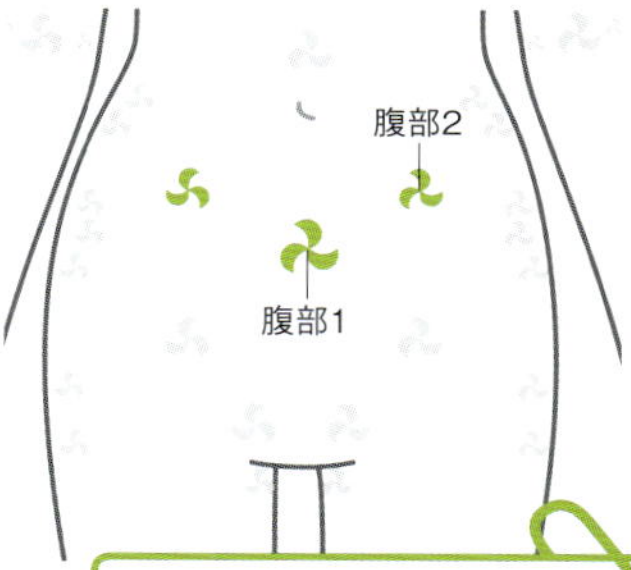

お腹の局所やせに効果的

肌をひっぱることで、お腹の深い部分や内臓にまでしっかり刺激を与えることができるので、内臓についた脂肪の燃焼が促され、お腹の局所やせに効果があります。できるだけ恥骨の上もひっぱると、より効果的。

POINT
寄せるだけでもOK。

わき腹（腹部2）をつまみ、持ち上げる。振動させてもよい。

つまみLesson

垂れたお尻を
きゅっとヒップアップ

皮膚は圧迫されると、垂れやすくなります。座る時間、椅子に腰かける時間が長いと、お尻が垂れ、皮膚が黒ずんできます。圧迫されたお尻を整膚することで、筋肉の弾力を取り戻し、ヒップアップをめざしましょう！　腰痛にも効果的。

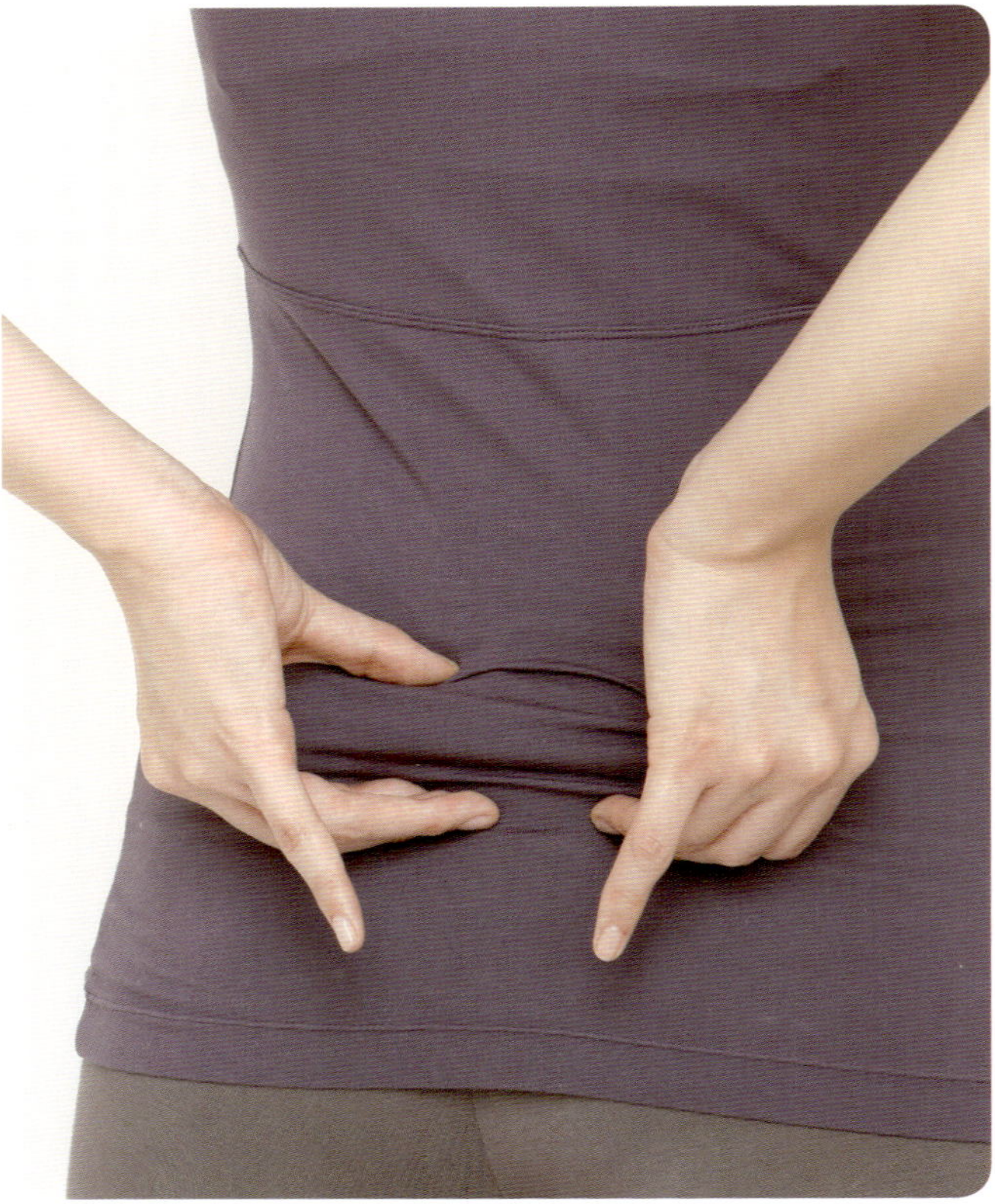

親指と人差し指、あるいは中指や薬指を加えて、お尻中央にある臀部1の皮膚をつまみ寄せて天井に向けてひっぱる。
ひっぱれない場合には、皮膚を寄せるようにする。
さらに、仙骨付近の皮膚をつまみ寄せ、持ち上げる。

ひっぱる時間

毎日1回約3～5分

ひっぱる場所

・臀部1　・臀部2　・臀部3　・仙骨

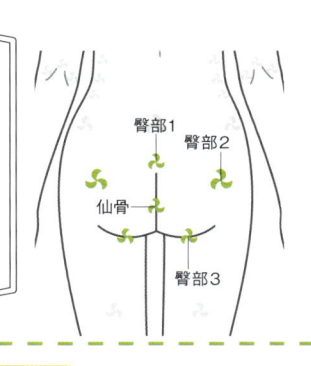

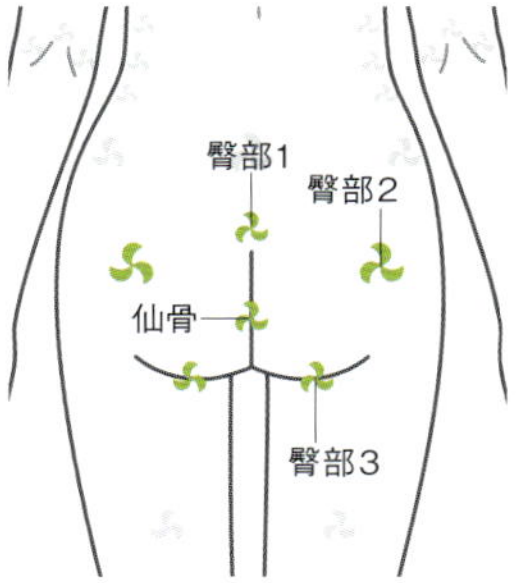

POINT

両手を使って左右同時にやってもよい。

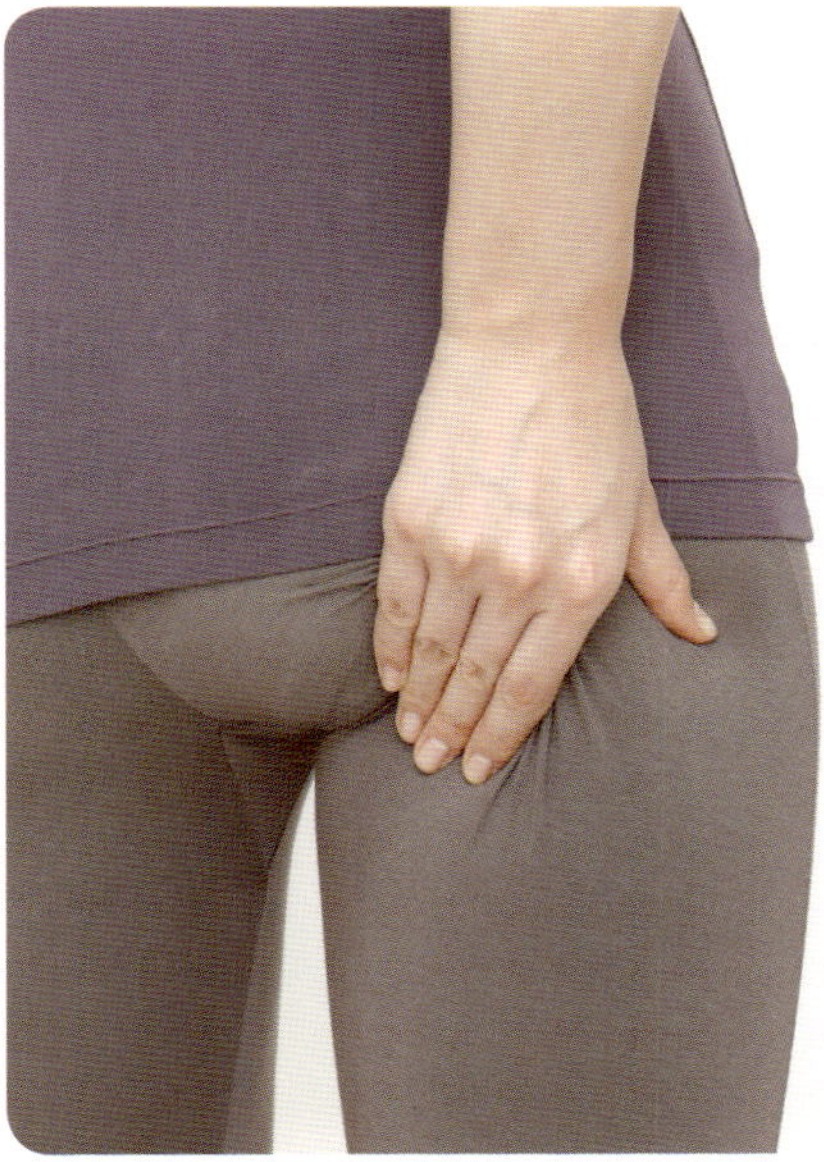

お尻の下の皮膚（臀部3）をつまみ、天井に向けて大きくひっぱる。

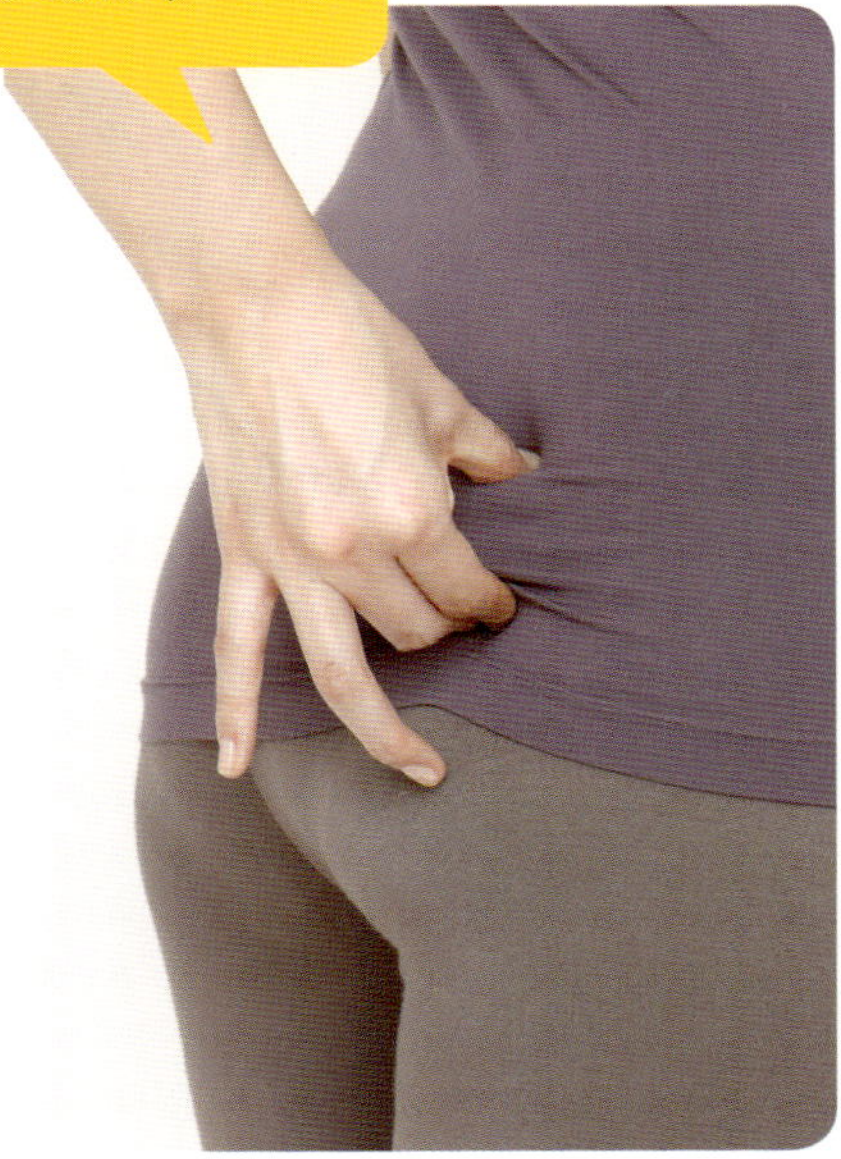

お尻のわき寄り上部（臀部2）をつまみ寄せ、ひっぱる。

つまみ Lesson

脚をすっきりスマートに。冷えにも効果的

太ももから膝下までをスマートに。脚が温まり、むくみや冷え性も解消できます。
脚に肥満の見られる人は、脂肪が硬くなり、セルライトもできています。
肌つまみを行うと、脂肪が徐々に柔らかくなり、燃焼しやすくなります。

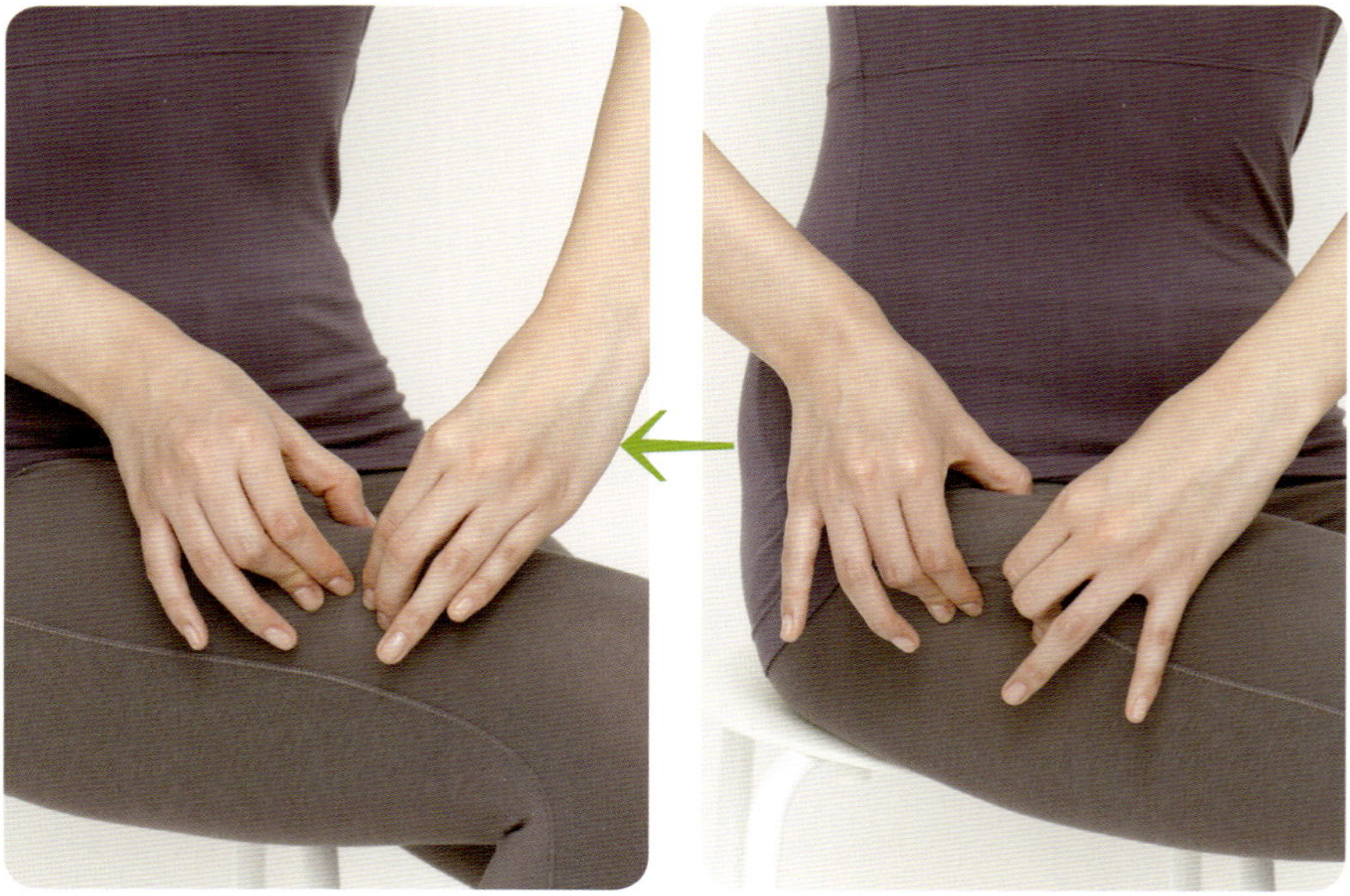

大腿部の外側の皮膚をつまみ寄せ、持ち上げる。
大腿部の内側の皮膚もつまみ寄せ、ひっぱる。

ひっぱる時間

毎日1回左右約3分ずつ

ひっぱる場所

- そけい部1
- そけい部2
- そけい部3
- 大腿部内側
- 大腿部外側

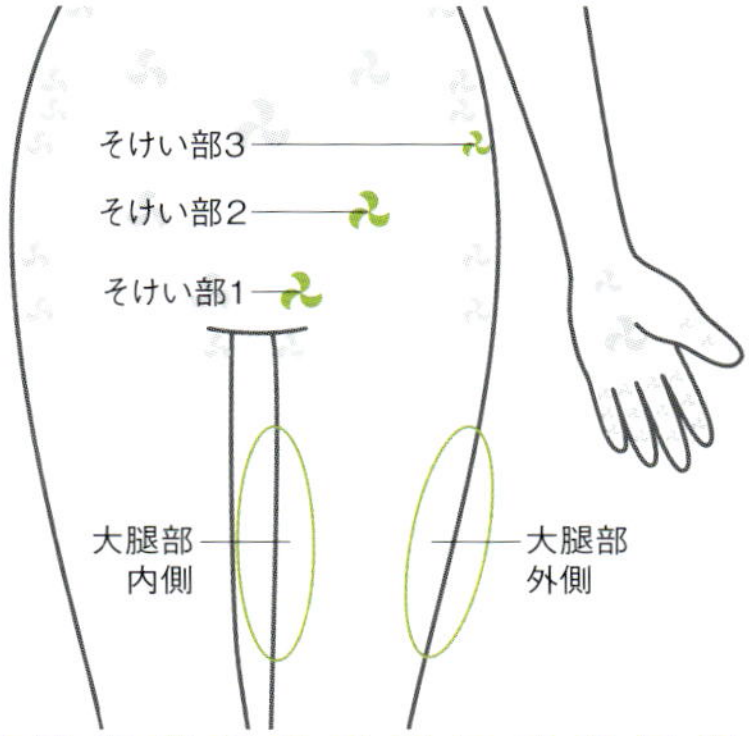

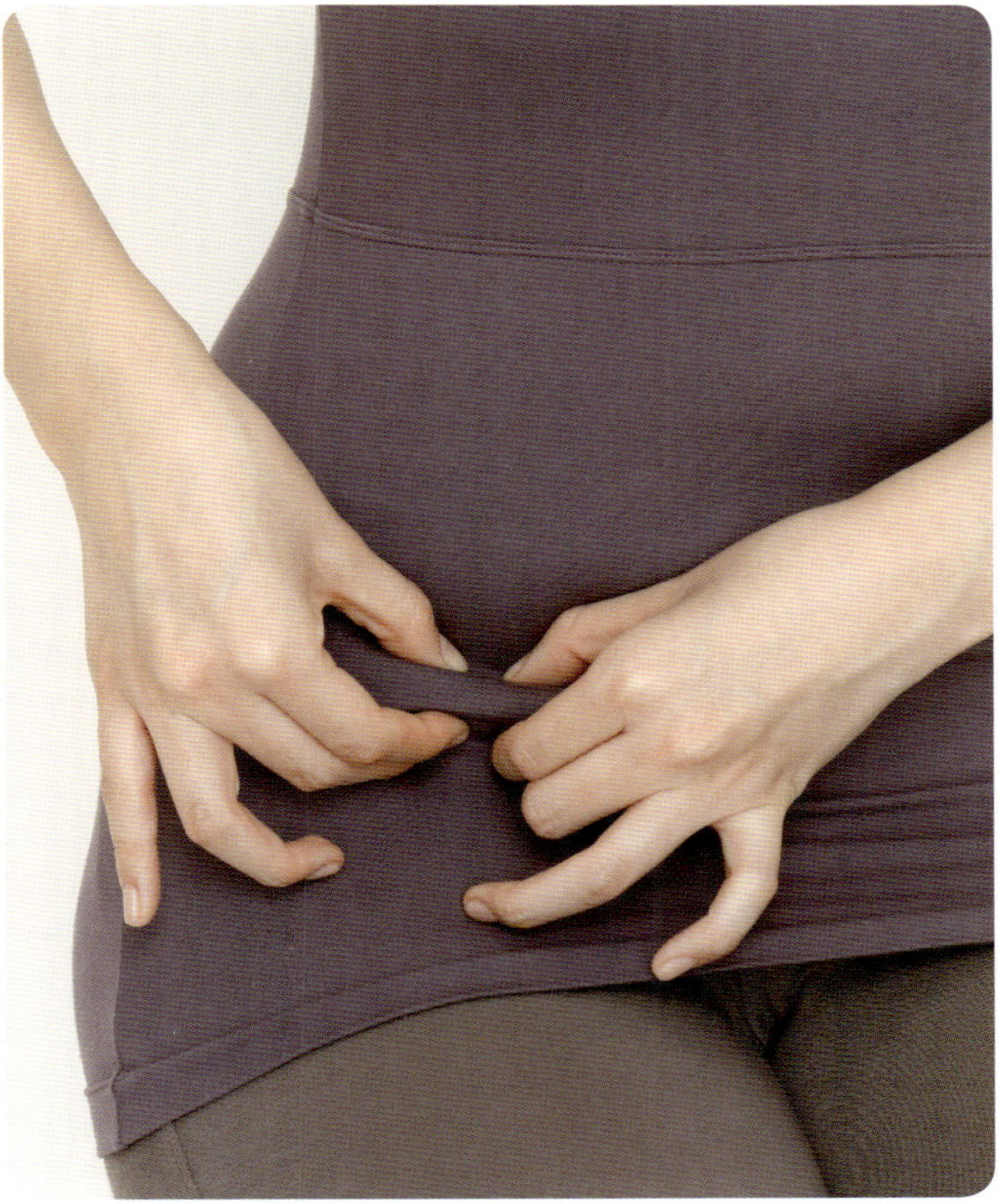

そけい部の皮膚（そけい部1、そけい部2、そけい部3）を
つまんでひっぱる。

脚をすっきりスマートに。
冷えにも効果的

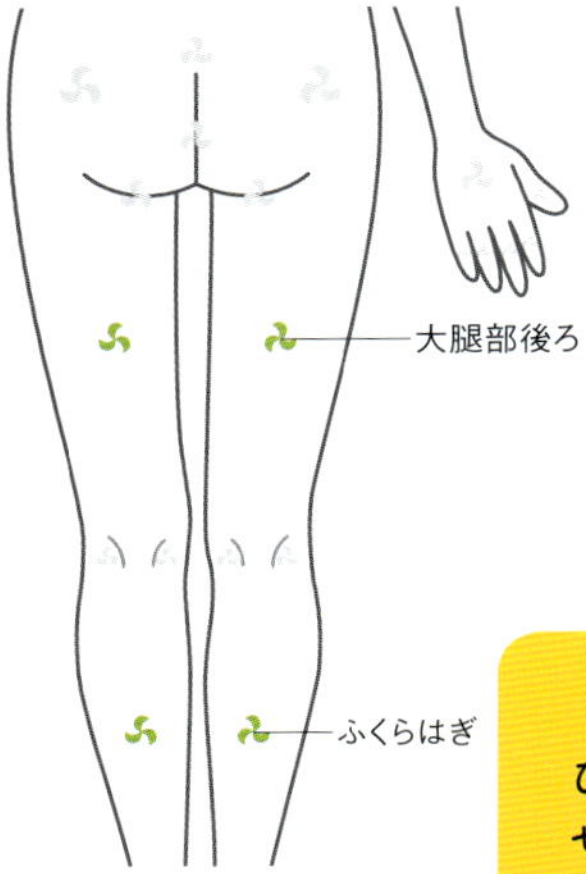

〔 POINT 〕
ひっぱれない時には寄せるだけでもよい。

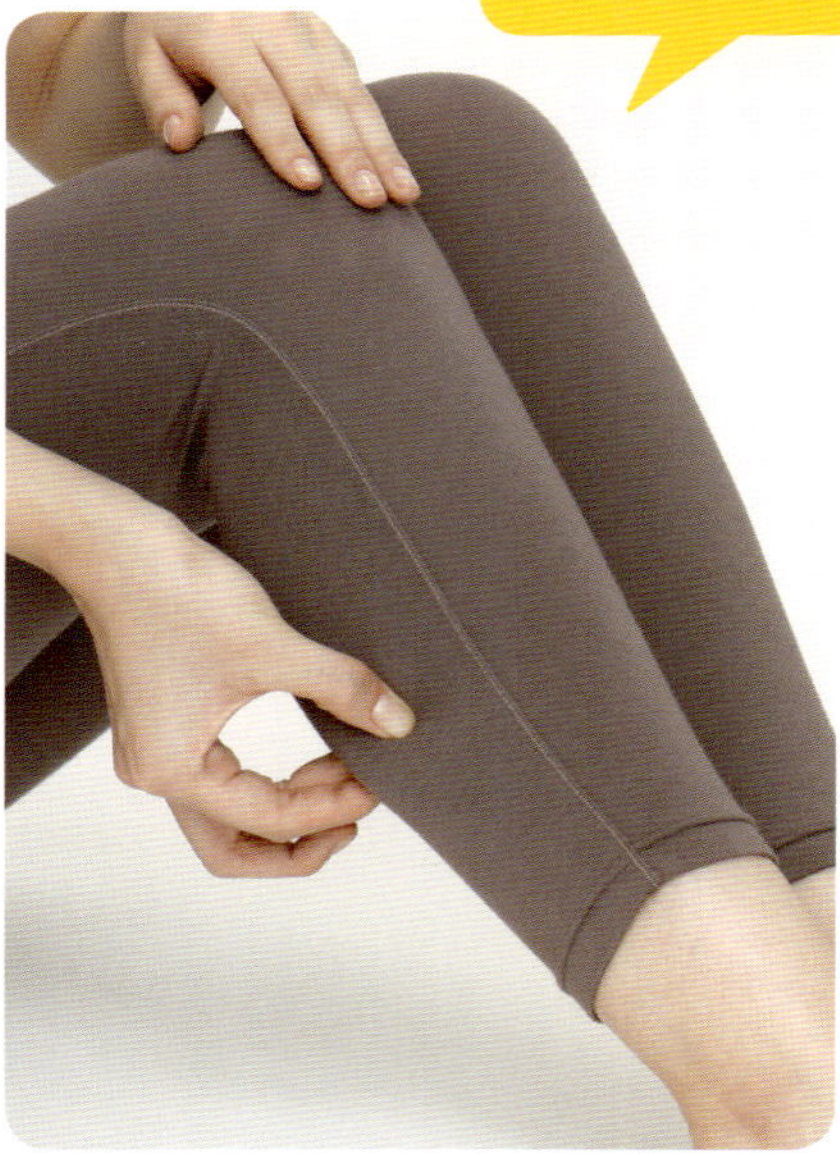

ふくらはぎの付近の皮膚を、
指腹を使ってひっぱる。

〔 POINT 〕
浮腫（むくみ）のある人は特に膝1、2、3、4をひっぱるとよい。

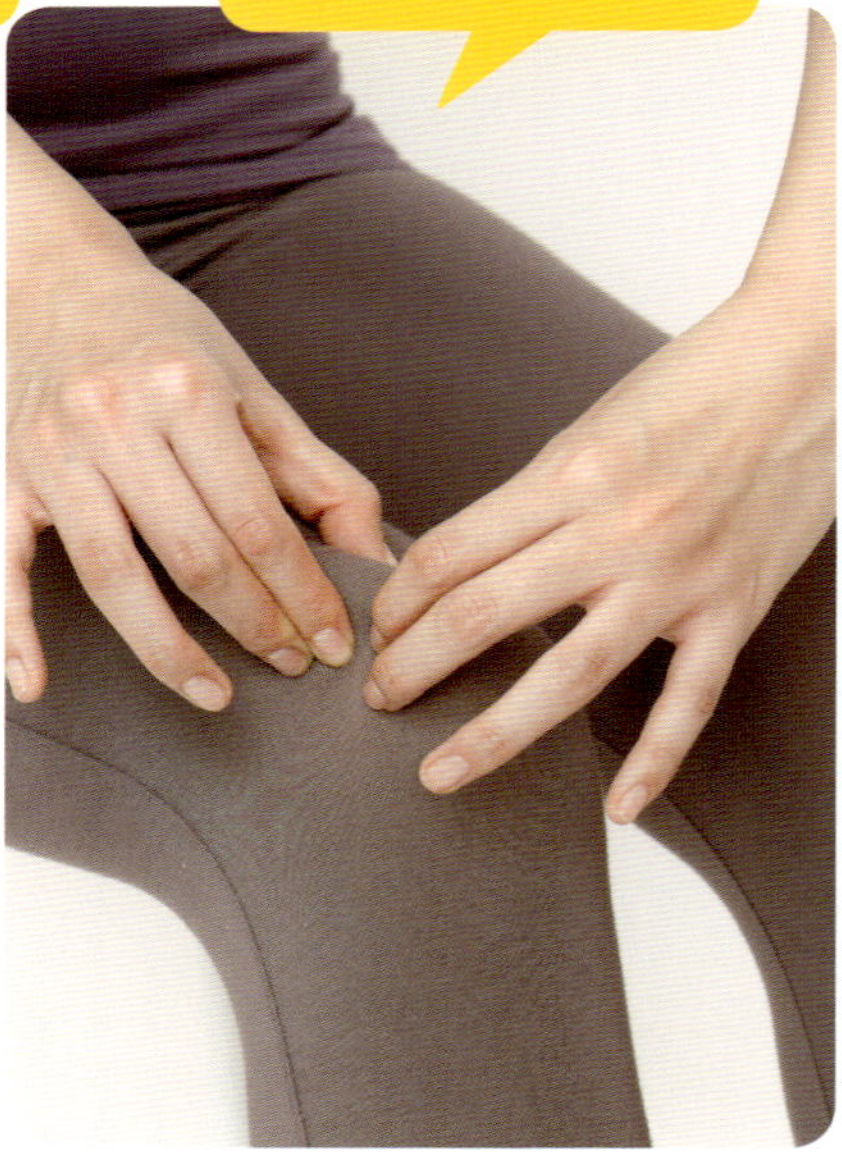

膝付近の皮膚（膝1、膝2、膝3、膝4）を
つまみ寄せ、持ち上げる。
膝を一周するようにひっぱっていく。

ひっぱる時間

毎日1回左右約3分ずつ

ひっぱる場所

・膝1　・膝2　・膝3　・膝4
・下腿部内側　・下腿部外側
・大腿部後ろ　・ふくらはぎ

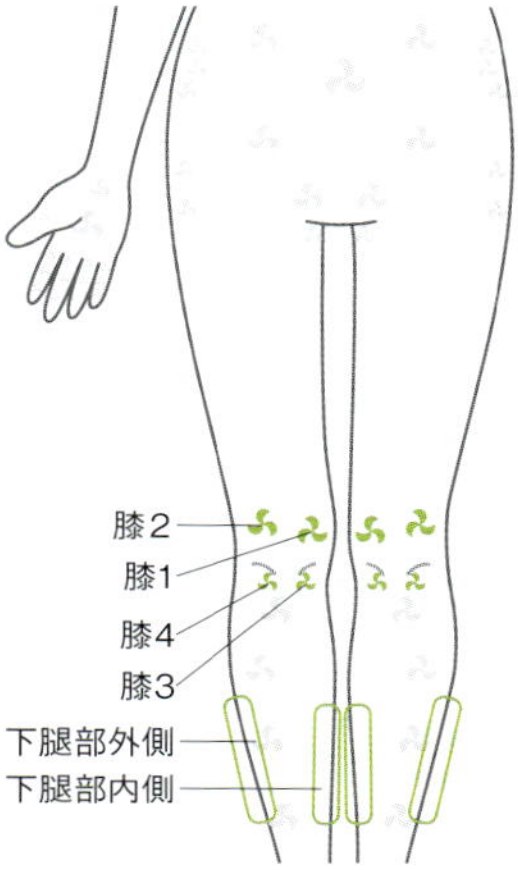

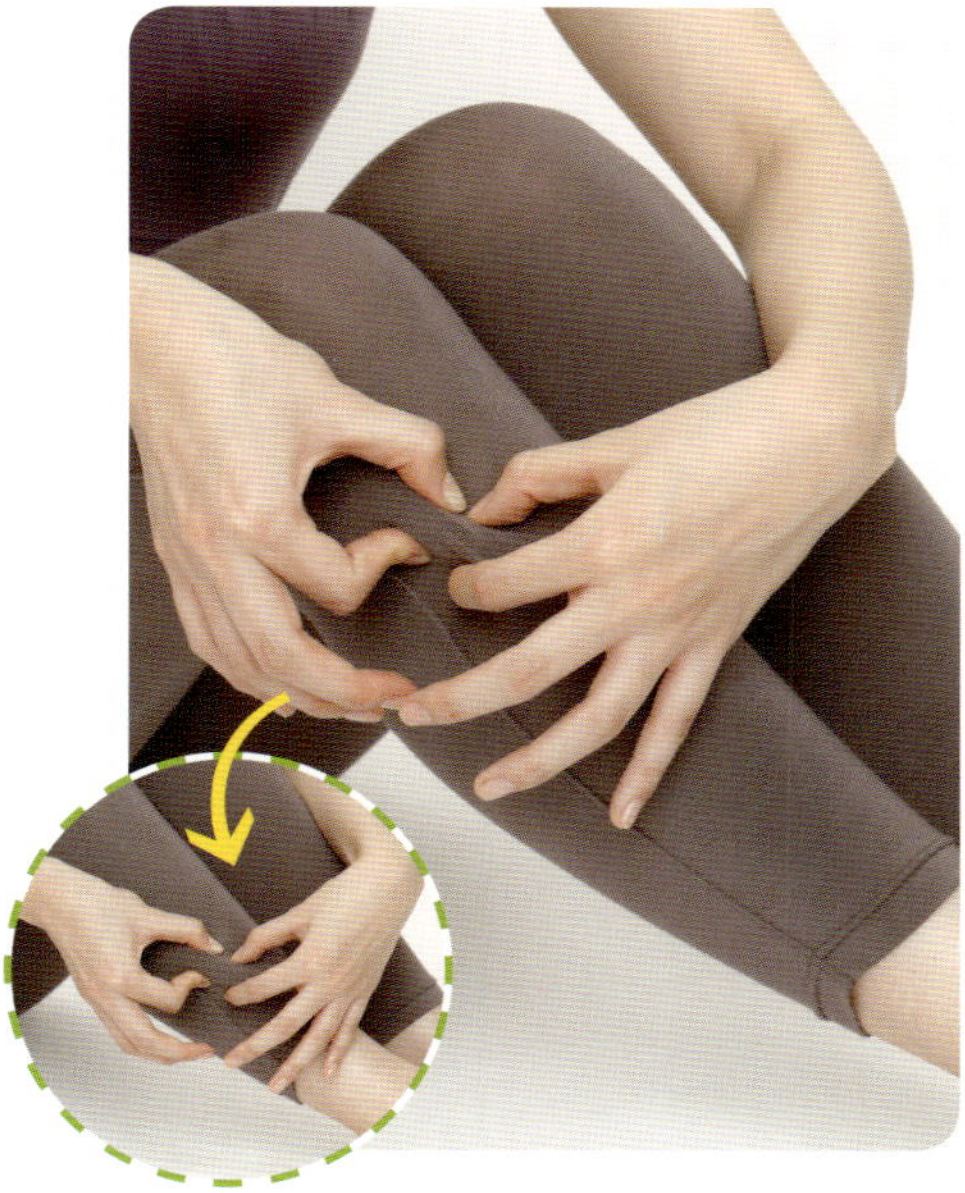

下腿部の外側の皮膚をつまんで
ひっぱっていく。内側も同じように行う。

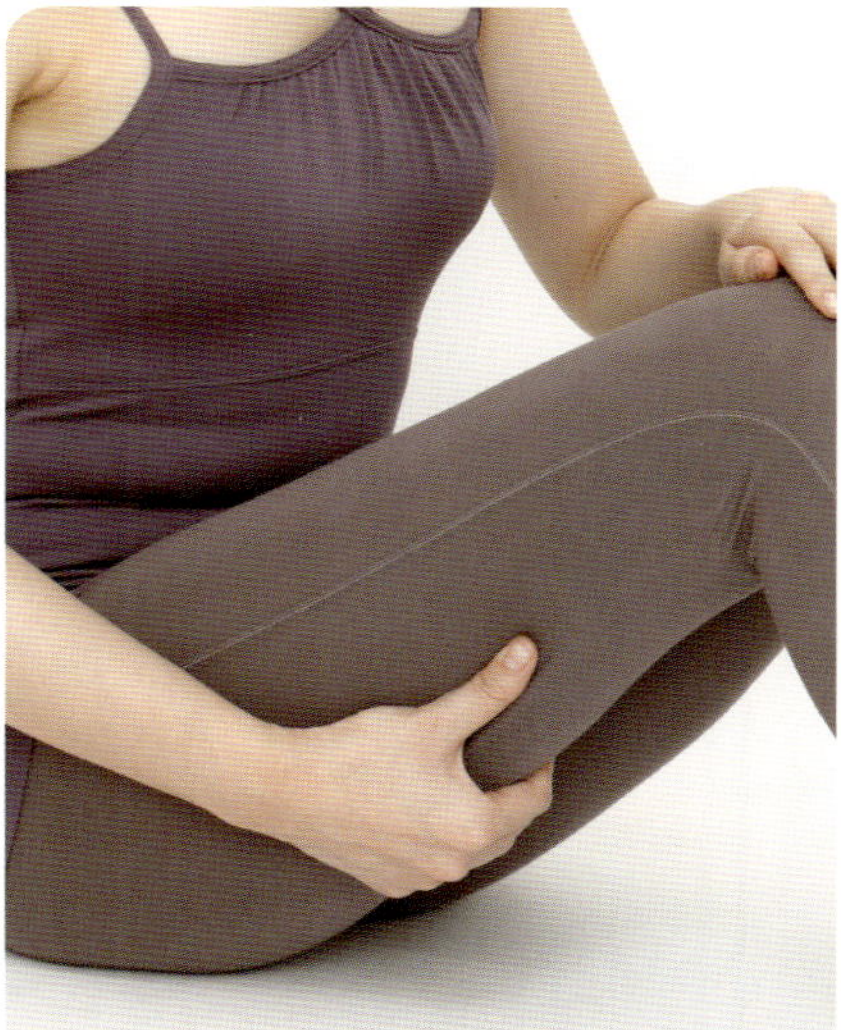

大腿部後ろの部分を、
指腹を使ってつまんでひっぱる。
3～5本の指を使う。

つまみ Lesson

むくんだ足を引き締める

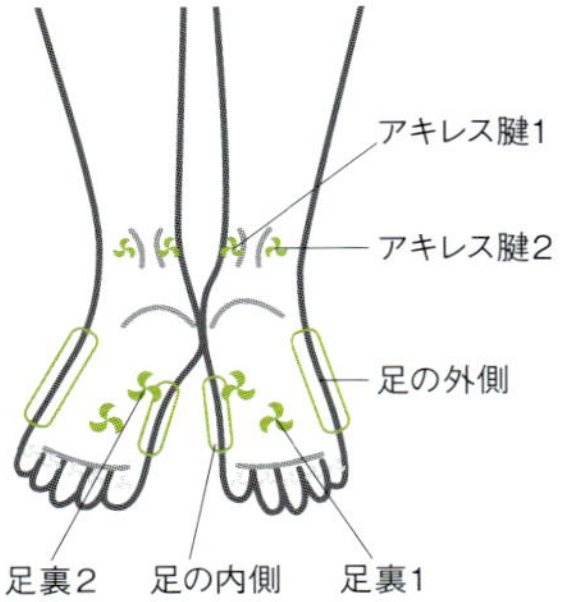

足の皮膚をつまんで
むくみを解消しましょう。
足が疲れた時にもどうぞ。

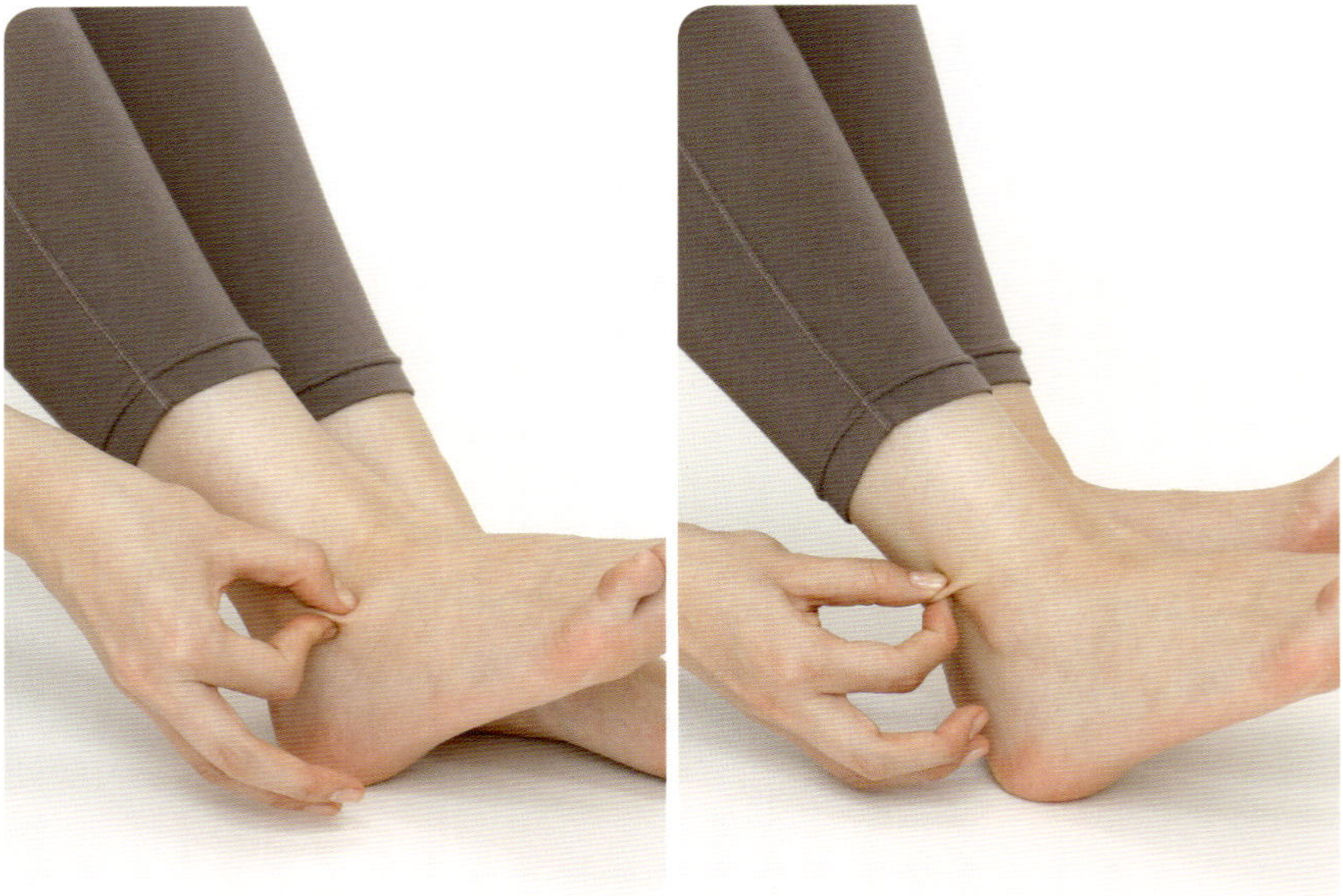

くるぶしの周囲の皮膚(アキレス腱1、アキレス腱2)を軽くつまんでひっぱる。

ひっぱる時間

毎日1回左右約2分ずつ

ひっぱる場所

・アキレス腱1　・アキレス腱2
・足の外側　・足の内側　・足首1　・足首2
・足の甲　・足の甲1　・足の甲2
・足の甲3　・足の甲4　・足裏1　・足裏2

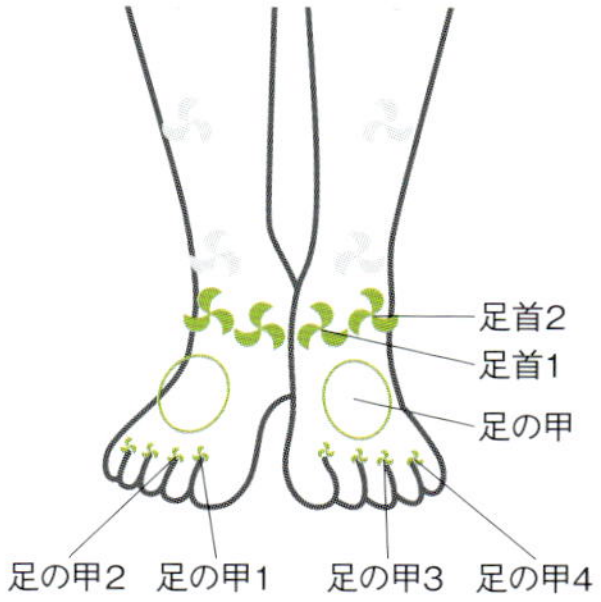

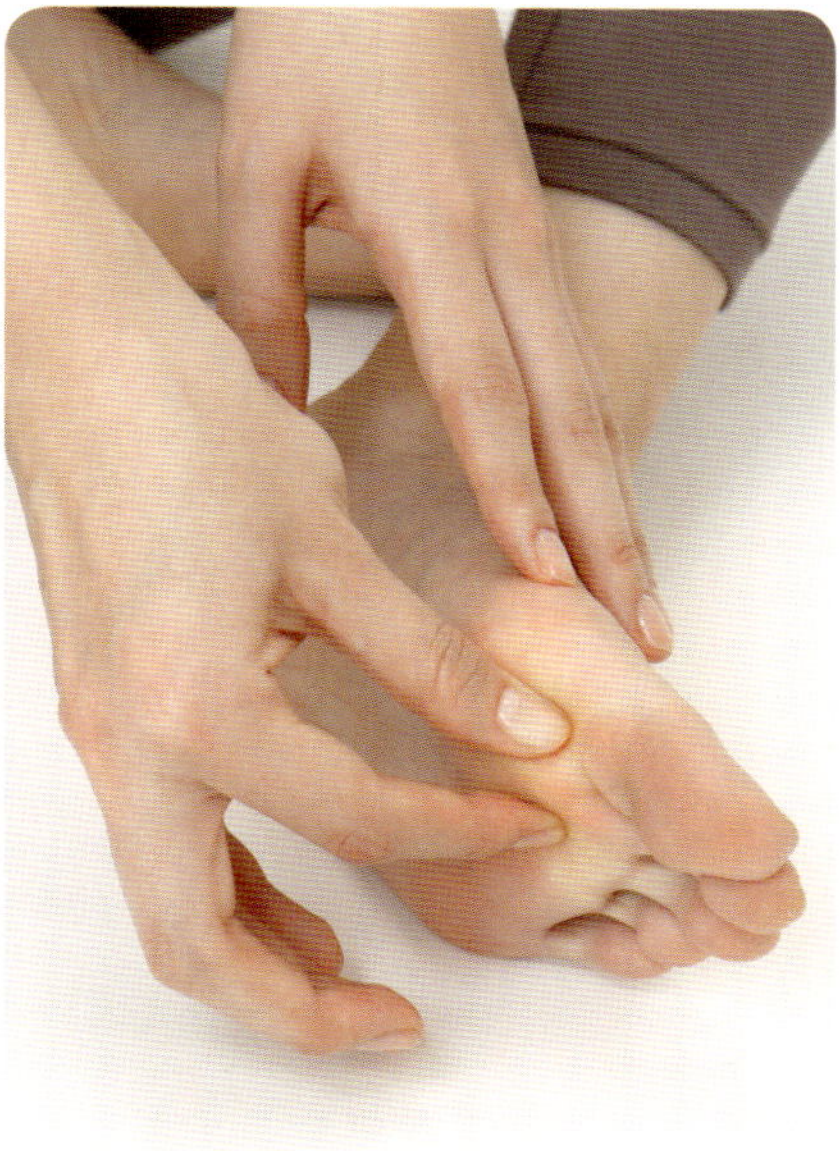

足裏（足裏1、足裏2）をつまみ寄せる。

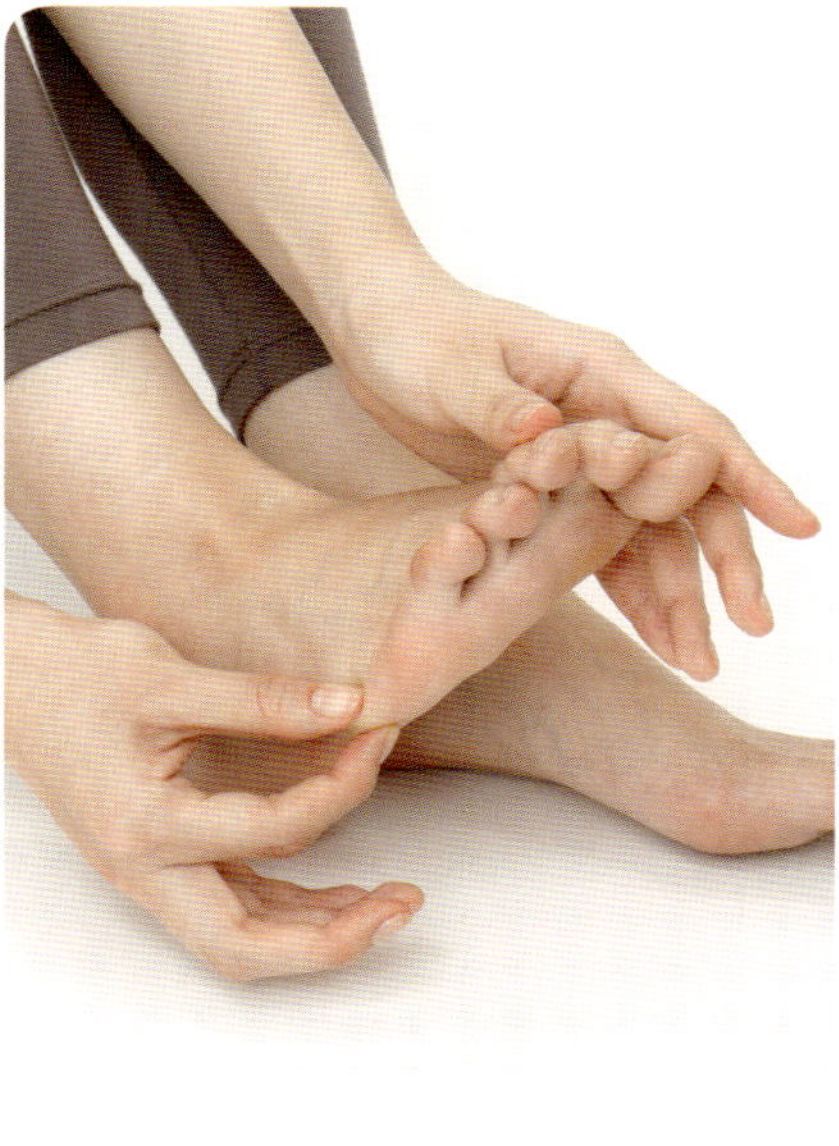

足の外側をつまむ。足の内側もつまむ。
足の甲と、足首1、足首2の皮膚もつまむ。
さらに各足指のつけ根（足の甲、足の甲1、
足の甲2、足の甲3、足の甲4）を
ひっぱって戻す。

乳房を美しく、健康に保つ

ほとんどの女性は乳房の形をきれいに見せるためにブラジャーをつけています。しかし、そのブラジャーはきついことが多く、乳房はいつも圧迫されています。それが乳房の気・血の流れを悪くするので、皮膚の弾力がなくなってしまうことに。その結果、皮膚はつやを失い、乳房は垂れやすくなります。

毎日、乳房のまわりのへこんだ部分をひっぱると、弾力性がよみがえり、垂れの予防や改善につながります。乳房の皮膚もつややかになります。

また、乳房の皮膚をひっぱることで、皮膚の呼吸がよくなり、皮膚の温度、水分量、明度、においのバランスがとれ、からだの気・血の流れがよくなります。ということは、免疫力が上がるために、がんなどの病気の予防に役立つということです。

刺激は表皮、真皮にとどめます。痛みが出ない程度に浅く、軽く、ていねいにつまんでください。

朝晩２～３分ひっぱるとよいでしょう。

ひっぱる回数

朝晩２～３分

ひっぱる場所

・乳頭　・乳房　・胸骨1
・胸骨2　・胸部1　・胸部2

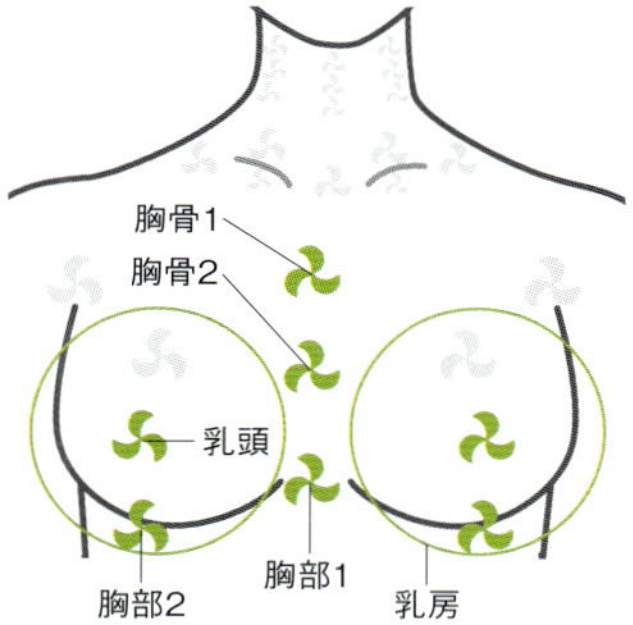

(POINT)

できるだけ皮膚を傷めないよう、皮膚をはさむ力を最小限に。

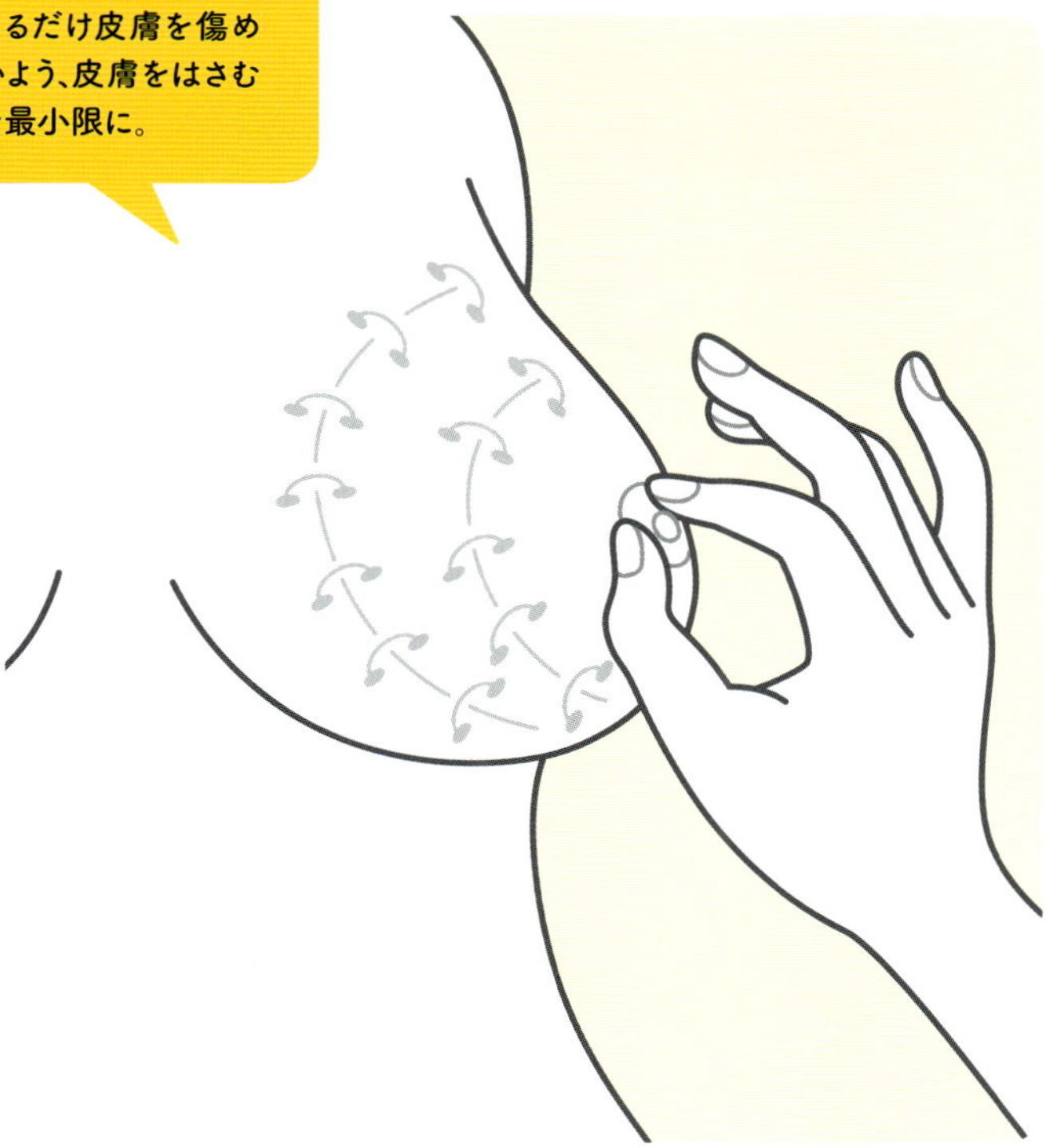

乳頭の皮膚を指腹でつまみ寄せ、持ち上げる。
さらに、乳頭のまわりをらせん状を描くように
乳房の皮膚をつまみ寄せ、持ち上げていく。

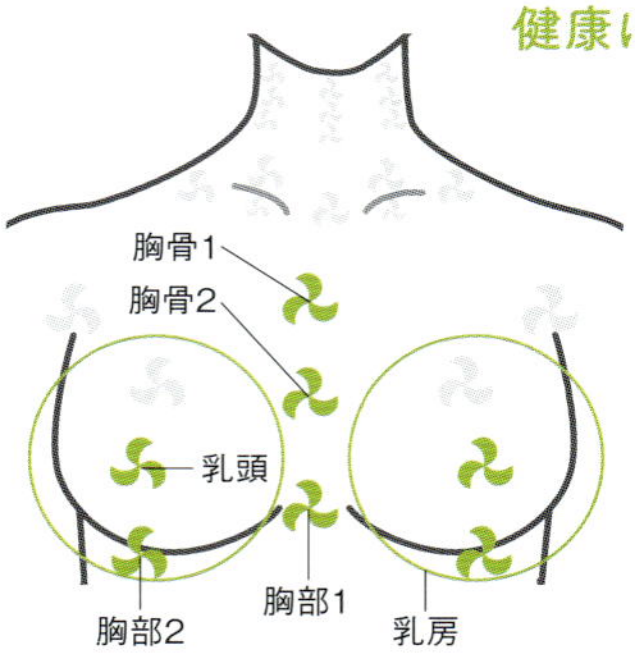

(POINT)

力は最小限にとどめ、乳房を強くはさんだりしないように。

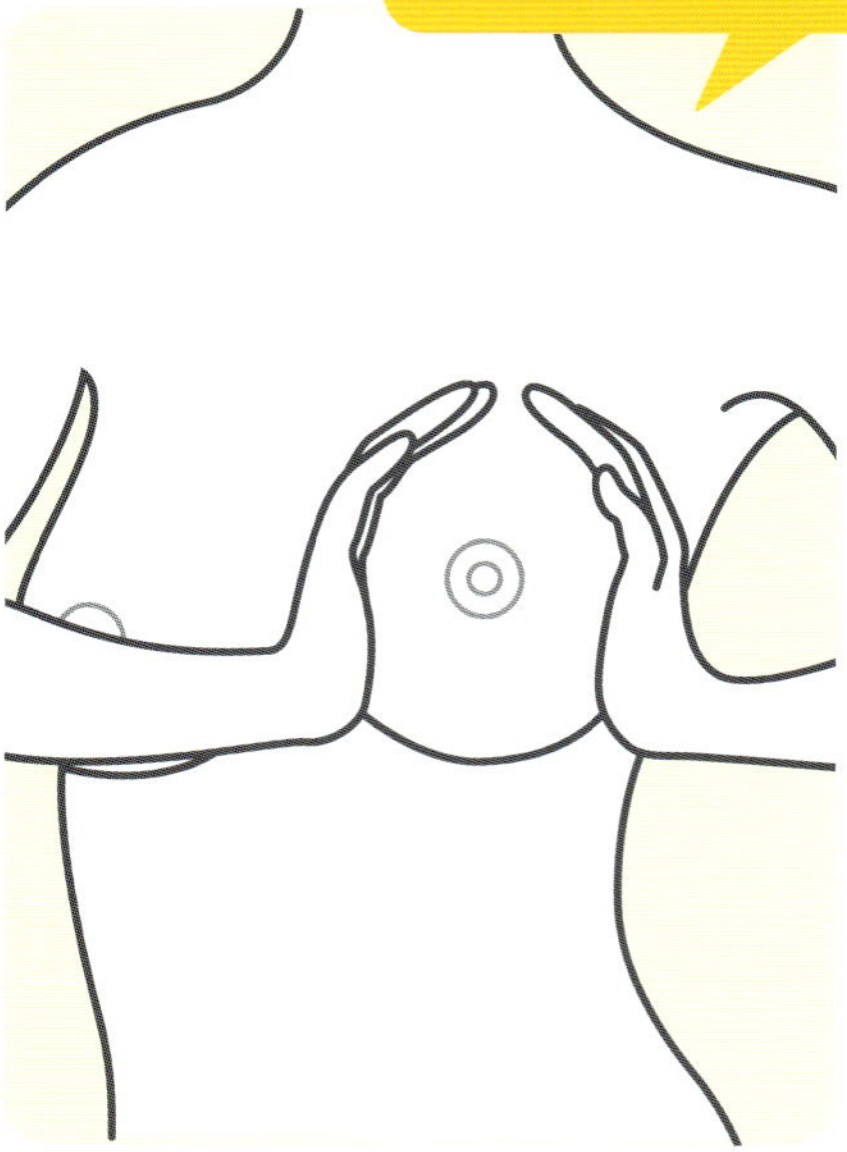

乳房を両手の指腹で軽く持ち上げる。
1回2～3秒のリズム。

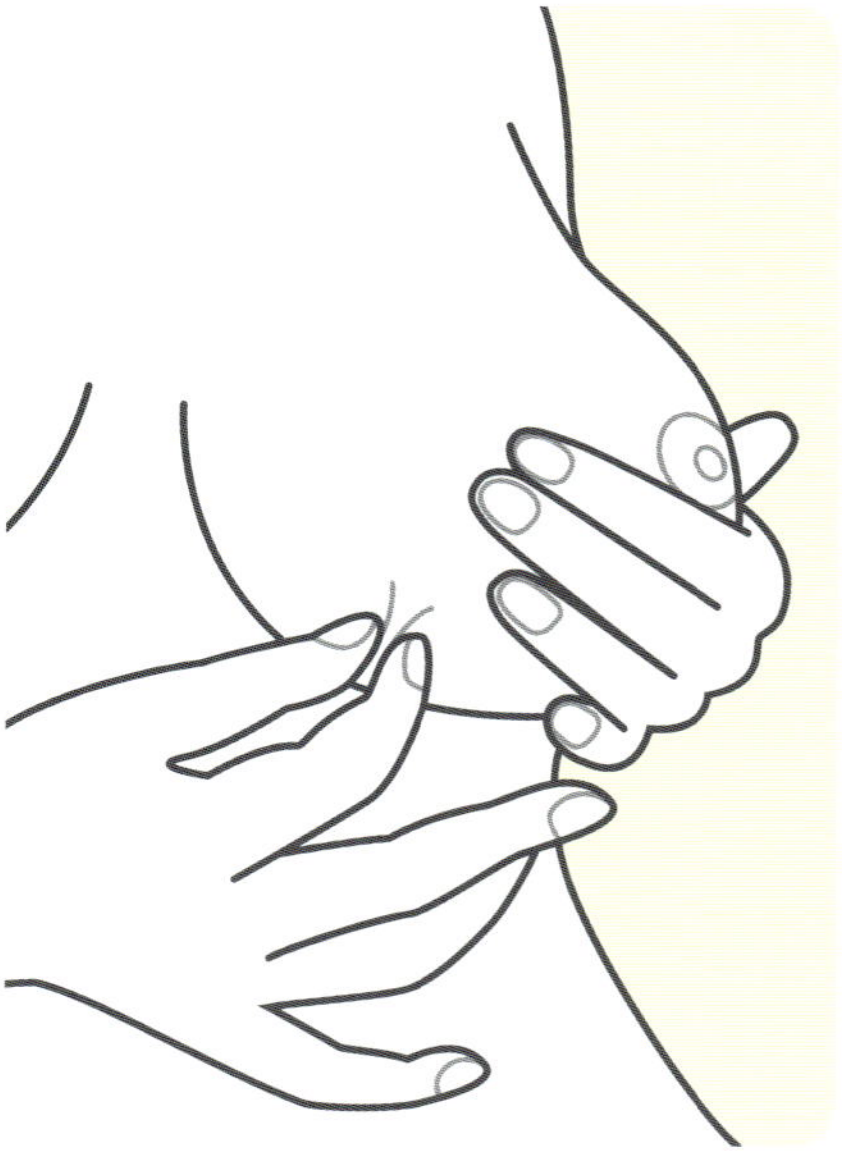

胸骨にそって、皮膚（胸骨1、胸骨2）をつまみ寄せ、持ち上げる。
また乳房の下のほう（胸部1、胸部2）をつまみ寄せ、持ち上げる。

chapter 5

七孔運動法でさらにイキイキ

「七孔」とは、目、鼻、耳、口の孔《あな》のこと。顔の肌つまみを行った後には、さらに「七孔運動法」を行うと、効果がアップ。血行がよくなり、美しい表情作りに役立ちます。

目　鼻　耳　口

まわりの血流アップで表情美人に

顔には、目２つ、鼻の孔《あな》２つ、耳２つ、口ひとつ、全部で７つの孔があります。この７つの孔の周辺を運動させることによって、さらに血流がよくなり、美しい肌、表情に。中医学では、五官の気が５つの臓と密接なつながりがあると考えるので（目は肝、鼻は肺、耳は腎、口は脾、舌は心と関係）、内臓も健康に。

目の運動

パソコンやスマホで酷使しがちな私たちの目。目の疲労がたまると、
目力がなくなり、くまやしわ、たるみの原因になります。
目のまわりの血流をよくし、目のまわりをイキイキとよみがえらせましょう！

5回ずつ繰り返す

眼球を大きくまわす。上を見るように眼球を上に動かし、
次に左に眼球を動かし、次に下へ、さらに右へと眼球を大きく動かす。
逆の順も5回繰り返す。

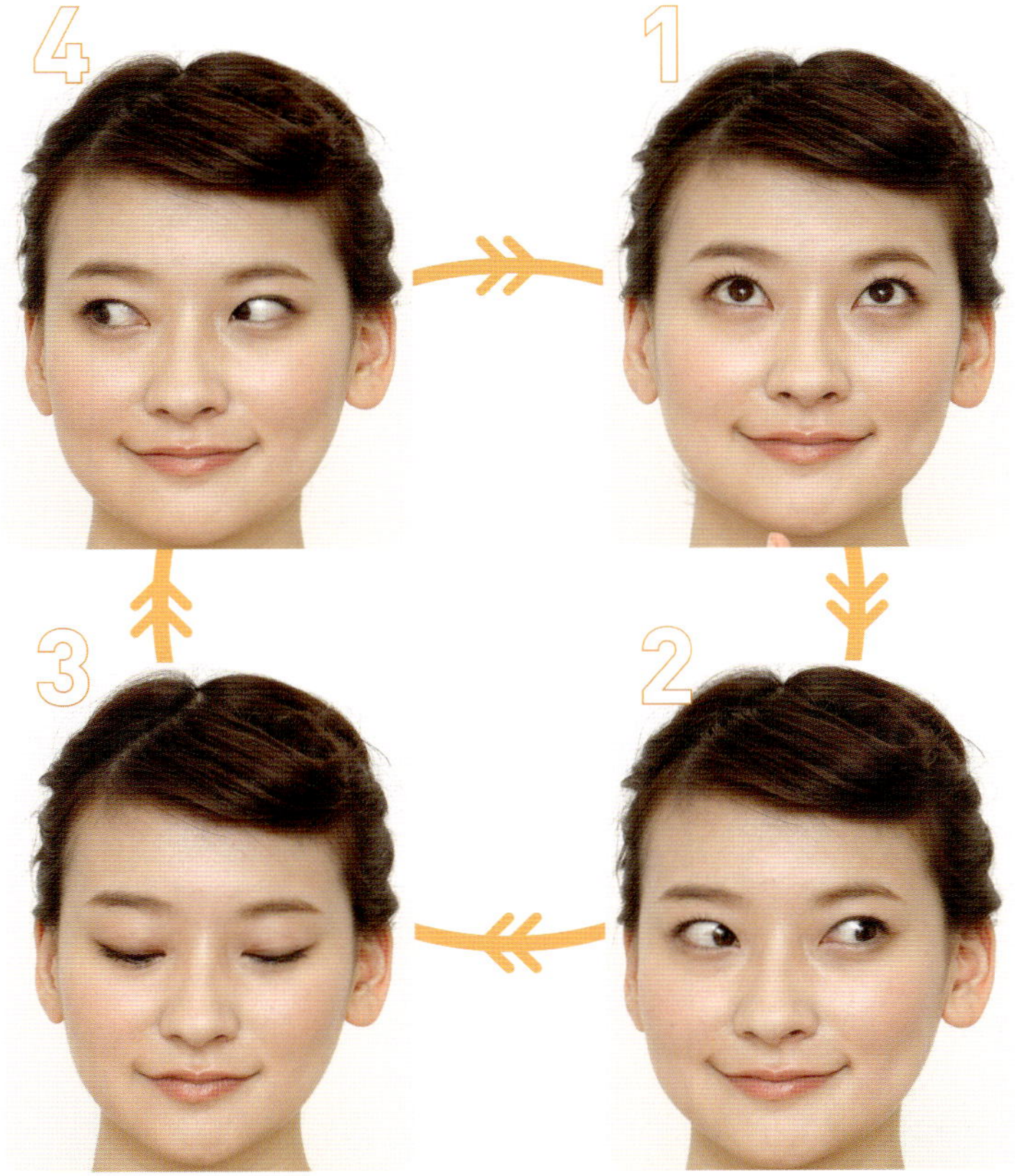

POINT 頭は動かさないようにして、眼球だけを動かすこと。

鼻の運動

鼻は顔の中心部にあり、耳や目、のどとも深いかかわりがあります。
また、この中心部からよい気が現れてきます。鼻の運動をすることで、
気・血の流れがよくなり、花粉症や鼻づまりの症状軽減も期待できます。

1日に
約10回

指で鼻をつまみ、息を止める。
約1秒後に指を離すと同時にためた空気を吐き出す。

1

2

耳の運動

いつも横向きに寝ていると、耳が圧迫されて耳のまわりの筋肉が硬くなり、
難聴や耳鳴りの症状が出やすくなり、聴覚も低下しますから、ご注意！
この運動は難聴や耳鳴りにも効果的。

毎日
5セット

人差し指を耳の孔に入れ、3回やさしくていねいに振動を与え、
3回人差し指をまわす。
次に3回ていねいに振動を与え、逆まわりに3回まわす。

1

2

(POINT) やさしく行うこと。皮膚の表面を刺激するように行う。

口の運動

口のまわりの表情を豊かに。歯も丈夫にする運動です。
また、唾液の分泌を促す効果があり、それがさらに
歯を丈夫にすることにつながります。さらには小顔効果も…。

1日に
約30回

唇を軽く開けて、上下の歯をカチカチと軽く合わせる。

1

2

おわりに

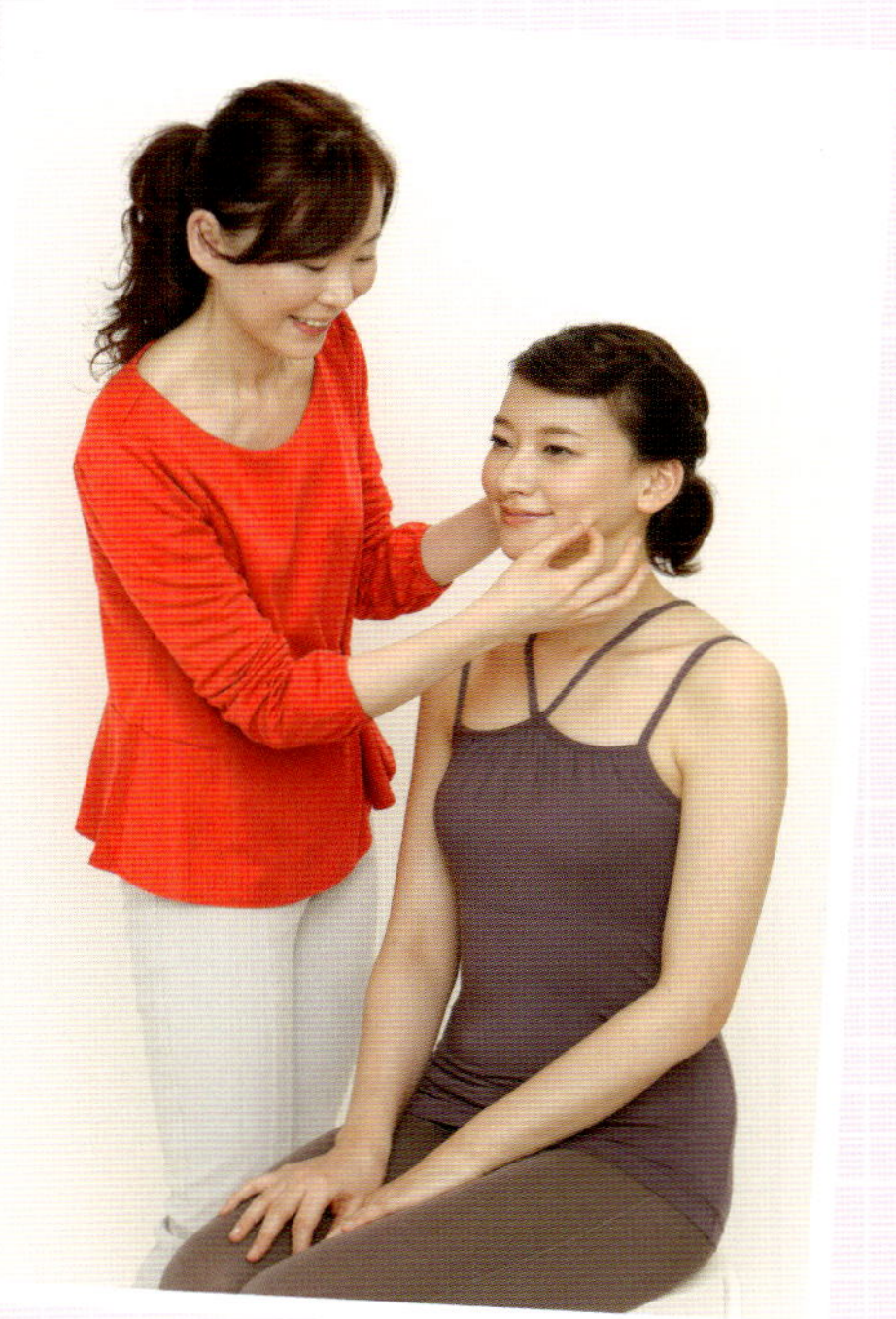

１９９２年、名古屋において、現整膚学園学長の徐堅先生が、「皮膚をひっぱると血と体液の流れがよくなる。人間の皮膚も土のように耕すべきである。皮膚はひっぱるべきである」とひらめき、美と健康と癒しにもっとも効果的なメカニズムを発見して、整膚と名づけました。

私が徐堅先生と知り合ったのは、１９９３年のこと。故郷の北京で、母が友人である徐堅先生を紹介してくれました。

その翌年、留学のために来日し、大学の経営学部で勉強するとともに、整膚学園で徐堅先生から整膚の理論と実技を学びました。

そして、１９９８年、徐堅先生のご指導のもとで、整膚美容法の実践と研究をスタートしま

した。整膚学園が編集する整膚情報誌「整膚ポスト」で整膚美容法の連載を始めたのは、今から14年前の２０００年でした。それから5年間の連載を経て、整膚学園より２００８年『整膚美容法』、２０１０年『整膚と容姿』、２０１２年『一石二鳥　整膚をすると、美も健康も』を出版させていただきました。

整膚美容法とは、数千年の歴史を持つ、伝統的な押す・（鍼を）刺す方法とは異なり、整膚学の５つの発見に基づき、皮膚をひっぱることにより、皮膚の温度、水分量、におい、明度を調整するものです。古来の経絡理論の点と線への刺激という考えではなく、気相整膚という面への刺激を応用した、まったく新しい美容法・健康法です。

徐堅先生をはじめ、多くの医師や医療関係者、そして、全国の約２０００名の整膚美容師の方々のご協力をいただき、整膚美容法は日本だけではなく、シンガポール、インドネシア、マレーシア、中国、フランス、ブラジルなど多くの国での活動を通じて、世界に普及しつつあります。

今年３月に福島で開催された「整膚美容学から乳癌のケアと予防」をテーマにした第３回整膚世界大会でも、世界９ヵ国から約１２０人が出席しました。

私は世界整膚連盟整膚美容師会会長として整膚美容法の指導をしていますが、整膚美容法を学んだ方々が皆健康になり、キレイになっていくのを目のあたりにしています。

一番目に見えて効果を感じるのは、シミが改善することです。年齢を重ねてからのシミは頬の高い部分にできます。そこは、横向きに寝たりすることによって皮膚が圧迫される部分です。シミは、日焼けよりも圧迫されることによりできやすいと感じています。

私は20歳前後の時に中国登山協会で仕事をしていましたが、中国科学院の飛行機に乗って、ラサやエベレストを空中撮影したことがあります。それは１９８８年、橋本元首相が名誉総隊長を務めていた中国・日本・ネパールの三国友好登山隊が初のエベレスト（チョモランマ）南北交叉縦走・同時登頂に成功した時のことです。

当時は日焼けクリームなどを塗らずに、何度も長期にわたり高地登山をしたため、皮膚はめくれていきましたが、大きなシミはできませんでした。

一般的に、日焼けによるシミは、額や鼻を中心とした顔の高い部分にできます。

一方、年齢とともに頬の高い部分にできてくるシミは、皮膚が圧迫されたことが大きな要因であると私は考えています。

レーザー治療では、術後にシミが濃くなることもありますが、肌つまみは確実に効果があり、シミが濃くなるようなことはありません。

整膚を実践すると、シミが薄くなるほかに、本書で解説したようにたくさんの美肌効果があり、しかも、痩身効果が期待できます。

肌つまみによって代謝が促進され、やせられるのは整膚を体験した方々のお話のとおりです。

痩身方法にはダイエットという手段もありますが、からだにとって大切な食べ物を十分摂らないと、やせたとしてもやつれてしまったりします。その点、整膚では健康にやせることができるのです。

整膚を毎日実践している人は皆、キレイになっていきます。若い人から80代まで、年齢に関係なく誰もが健康な美しさを手に入れています。

本書によって、皆様が健康と美に恵まれ、幸せな日々を送ることができれば、著者としてこれほどの喜びはありません。

２０１４年４月

蔡　晶

監修者・著者プロフィール

徐　堅（じょ・けん）

北京体育大学卒業後来日。愛知教育大学大学院を経て愛知医科大学生理学教室で研究のかたわら、企業の運動部のトレーナーを務める。スポーツ選手のけがの手当ての際、皮膚をひっぱることで痛みが和らぎ、腫れも早く引くことに着目し、ひっぱる手技を整膚学として1992年に確立する。

角田朋司（つのだ・ともじ）

つのだ小児科医院副院長。医学博士。整膚の幅広い効果に触れ、整膚学博士、整膚美容師範、スポーツ整膚師などの資格を取得。日本小児科学会認定専門医。日本アレルギー学会認定専門医。日本東洋医学会認定専門医・元指導医。

蔡　晶（さい・しょう）

1994年日本に留学。大学の経営学部で勉強しながら整膚学博士号を取得。 1997年より日本国内外の整膚師養成を始め、2013年、日本緩和医療学会学術大会で藤田保健衛生大学との共同研究による研究発表を行うなど、国内外の学術大会で研究の成果を発表。多くの医師の協力を得て整膚美容法の研究、情報発信に力を注ぎ、普及に努める。 2008年整膚美容師会会長、2010年NPO法人整膚美肌褥瘡予防協会理事長に就任。整膚による美容や褥瘡予防、がん予防などの啓蒙を行うイベントを国内外で企画・開催する。東日本大震災発生後は、延べ150名の整膚美容師会会員とともに福島県で約500名の被災者、避難者に整膚ボランティアを提供。NHK、TBS、中京テレビや雑誌などに多数出演、執筆活動を行う。

【整膚についての問い合わせ先】 整膚学園本部

住所	名古屋市東区葵3-1-20
TEL	052-931-5522　**FAX**　052-931-6675
URL	http://www.seifu-institute.jp/
E-mail	info@seifu-institute.jp

staff

デザイン	GRID（釜内由紀江、井上大輔）
撮影	渋谷和江
ヘアメイク	馬渡さやか（BLANCO）
モデル	あやの
イラスト	オフィスエム
衣装協力	キッドブルー ☎ 03-3461-7747（白のワンピース）

参考文献
徐 堅著『整膚論』
広瀬滋之・稲田隆司・徐 堅 監修／蔡 晶 著『整膚美容法』
広瀬滋之・徐 堅 監修／蔡 晶 著『整膚と容姿』
徐 堅 監修／蔡晶著『一石二鳥　整膚をすると、美も健康も』
徐 堅 監修／角田朋司・角田広子著
『自分で出来る整膚健康法』（すべて整膚学園刊）

やせる・エイジングに効く整膚

「肌つまみ」美肌・スリム術

2014年6月30日　初版発行

監修者　徐 堅・角田朋司

著　者　蔡 晶

発行者　佐藤敏子

発行所　冬樹舎
〒216-0023　神奈川県川崎市宮前区けやき平1-6-305
TEL　044-870-8126　FAX　044-870-8125
URL　http://www.toujusha.com/

発　売　サンクチュアリ出版
〒151-0051　東京都渋谷区千駄ヶ谷2-38-1
TEL　03-5775-5192　FAX　03-5775-5193
URL　http://www.sanctuarybooks.jp/
E-mail　info@sanctuarybooks.jp

印刷・製本　光写真印刷株式会社

ISBN978-4-86113-856-0　C0077　Printed in Japan